特別支援教育サポートBOOKS

聞く，読む，書く能力の認知特性・発達状況を把握する

小・中学校国語科

スクリーニングテスト

佐藤明宏・武藏博文・富永大悟 編著
香川大学大学院教育学研究科
特別支援教室「すばる」著

明治図書

発刊によせて

　国語科スクリーニングテストの開発のスタートは，「国語科が通常の授業で指導すべき『聞くこと，読むこと，書くこと』等の内容について，学級・教科担任が，第一段階として簡単にその学習状況を認知レベルの側面から把握すること」（佐藤・石井・野瀬，2011）にありました。学校で授業を受ける上で必ず必要となる基本的な学習能力について，国語科の指導内容の範囲で評価すること，学級で一斉に実施して，その能力の習得状況を簡便に評価し，授業の内容や進め方の改善に役立てることです。

　近年，発達障害等に関する研究が進み，児童生徒の学習の困難さを認知的側面から分析し，的確にその要因を把握した上で，それに見合った指導を試みることが可能となってきました。このスクリーニングテストでは，つまずき段階にある児童生徒について，個別プロフィールによる分析を行い，背景となる認知特性（言葉生成プロセス，情報処理プロセス）からも評価ができるようにしています。

　香川大学教育学部では，特別支援教育が実施に移される以前から，いち早く学業不振・学習困難児・学習障害児をはじめとする発達障害への指導支援の方法の開発に取り組んできました。2003（平成15）年度に，香川大学の坂出地区の附属学園の中に，特別支援教室「すばる」を設置し，通級指導のモデル事業として，教育相談，個別学習指導を行い，さらに教員研修，研究開発の事業を展開してきました。2008（平成20）年度からは，現職派遣教員を対象とする大学院教育学研究科の実習施設としての役割も担っています。国語科スクリーニングテストは，本教室の研究プロジェクト（国語基礎力研究グループ）の成果がもととなっています。

　教員は，このスクリーニングテストによって，第一に，学級全体の児童生徒の学習レベルを大まかに把握し，授業内容や方法の在り方等を検証及び検討することができます。第二に，個別の配慮を要する児童生徒の実態を，国語科の指導観点と，その背景となる認知特性とから把握して，その後の指導支援に役立てることができます。さらに，詳細の諸検査等が必要な児童生徒を見極めていくことに活用するものです。

2017年7月

著者を代表して　　武藏博文

＊佐藤宏一・石井美帆・野瀬五鈴『国語科スクリーニングテストの開発：聞く，読む，書く，推論する能力の認知及び発達の状態を探る』香川大学教育学部・平成18〜22年度文部科学省特別教育研究経費「特別支援教育促進事業」成果報告書，2011年，33-41頁.

目 次

発刊によせて・3

第1章　学校での今後の教育課題と国語の力
　　　　　　　　　　　　　　　　　　　　　　　　　　　　　　　　　　佐藤明宏

1　授業の中でのインクルーシブ教育 ……………………………………………7
　(1) 中央教育審議会の「審議のまとめ」を踏まえて・7
　(2) インクルーシブ教育に対応した指導システム・8

2　聞く，読む，書く能力の認知特性及び発達状態を探る ……………………11
　(1) 言葉生成のプロセスとスクリーニングテスト・11
　(2) 学習指導要領との関係・14

第2章　国語科スクリーニングテストの特徴と実施方法
　　　　　　　　　　　　　　　　　　　　　武藏博文・佐藤宏一・石井美帆・野瀬五鈴

1　国語科スクリーニングテストの目的と構成 …………………………………18
　(1) スクリーニングテストの目的・18
　(2) スクリーニングテストの種類と問題の構成・18
　(3) 主な認知特性との関係・20

2　スクリーニングテストの実施手続き …………………………………………22
　(1) 実施前の準備・22
　(2) 実施手続き・22

3　スクリーニングテストの採点と評価 …………………………………………22
　(1) スクリーニングでの採点と評価・23
　(2) 個別プロフィール表による分析・23

4　スクリーニングテストの活用法 ………………………………………………25
　(1) つまずきの疑いのある児童生徒の判断基準・25
　(2) スクリーニングテストとして学級での利用・25
　(3) つまずきの疑いのある児童生徒の指導への活用・26
　(4) 保護者への対応・28

5　スクリーニングテストの作成過程 29
  (1) 問題の適正と検証結果・29
  (2) 問題別の結果検討・29
  (3) 認知特性別の結果検討・29

第3章　国語科スクリーニングテストを活用した指導と評価の実践事例

1　小学校2年 32
  書字や出来事の想起につまずきがあり，
  話すこと・書くことを苦手とした児童の指導事例

2　小学校3年 38
  日常の出来事を文として表現する能力に
  つまずきが見られた児童の指導事例

3　小学校6年 44
  漢字の細部まで認識することが難しく，
  漢字を正しく書くことを苦手とした児童の指導事例

4　中学校2年 50
  平仮名や漢字の読みに問題を抱えているため，
  読み書きが苦手な生徒の指導事例

第4章　実物資料：小・中学校の国語科スクリーニングテスト

1　小国A（小学校1・2年生用）のスクリーニングテスト 56
  (1) 小国A（小学校1・2年生用）実施マニュアル・56
  (2) 小国A（小学校1・2年生用）正答及び判断基準・59
  (3) 小国A（小学校1・2年生用）作文の評価基準・60
  (4) 小国A（小学校1・2年生用）つまずき段階換算表・61
  国語科スクリーニングテスト評価表　小国A ・62
  国語科スクリーニングテスト個別プロフィール表　小国A ・63
  小国Aテスト問題 ・64

2 小国B（小学校3・4年生用）のスクリーニングテスト ·································· 73
 (1) 小国B（小学校3・4年生用）実施マニュアル・73
 (2) 小国B（小学校3・4年生用）正答及び判断基準・76
 (3) 小国B（小学校3・4年生用）語の識別・作文の評価基準・77
 (4) 小国B（小学校3・4年生用）つまずき段階換算表・78
 国語科スクリーニングテスト評価表　小国B ・79
 国語科スクリーニングテスト個別プロフィール表　小国B ・80
 小国Bテスト問題 ・81

3 小国C（小学校5・6年生用）のスクリーニングテスト ·································· 94
 (1) 小国C（小学校5・6年生用）実施マニュアル・94
 (2) 小国C（小学校5・6年生用）正答及び判断基準・97
 (3) 小国C（小学校5・6年生用）語の識別・作文の評価基準・98
 (4) 小国C（小学校5・6年生用）つまずき段階換算表・99
 国語科スクリーニングテスト評価表　小国C ・100
 国語科スクリーニングテスト個別プロフィール表　小国C ・101
 小国Cテスト問題 ・102

4 中国（中学生用）のスクリーニングテスト ·································· 114
 (1) 中国（中学生用）実施マニュアル・114
 (2) 中国（中学生用）正答及び判断基準・117
 (3) 中国（中学生用）語の識別・作文の評価基準・118
 (4) 中国（中学生用）つまずき段階換算表・119
 国語科スクリーニングテスト評価表　中国 ・120
 国語科スクリーニングテスト個別プロフィール表　中国 ・121
 中国テスト問題 ・122

あとがき・134
参考文献・135

第1章 学校での今後の教育課題と国語の力 .... 佐藤明宏

1 授業の中でのインクルーシブ教育

(1) 中央教育審議会の「審議のまとめ」を踏まえて

❶ インクルーシブ教育のとらえ

今回の学習指導要領の改訂に関わって、中央教育課程部会・教育課程企画特別部会の審議のまとめ（平成28年8月26日発表）には次の文言がある。

(個に応じた指導)
①特に、授業が分からないという悩みを抱えた児童生徒への指導に当たっては、個別の学習支援や学習相談を通じて、自分にふさわしい学び方や学習方法を身に付け、主体的に学習を進められるようにすることが重要である。(53頁)
(教育課程全体を通じたインクルーシブ教育システムの構築を目指す特別支援教育)
②障害者の権利に関する条約に掲げられたインクルーシブ教育システムの構築を目指し、子供たちの自立と社会参加を一層推進していくため、通常の学級、通級による指導、特別支援学級、特別支援学校において、子供たちの十分な学びを確保し、一人一人の子供の障害の状態や発達の段階に応じた指導や支援を一層充実させていく必要がある。(54頁)
③幼・小・中・高等学校の通常の学級においても、発達障害を含む障害のある子供が在籍している可能性があることを前提に、全ての教科等において、一人一人の教育的ニーズに応じたきめ細かな指導や支援ができるよう、障害種別の指導の工夫のみならず、各教科等の学びの過程において考えられる困難さに対する指導の工夫の意図、手立ての例を具体的に示していくことが必要である。(54頁)
(引用文冒頭の丸数字は、説明のために筆者が便宜上つけているものである。)

①はどの子にも「自分にふさわしい学び方や学習方法」をとらせるという大前提である。
②の「インクルーシブ教育システム」というのは、人間の多様性と個々人の必要性に対して合理的な配慮をし、障害のある子どもを排除することなく、共生社会の形成に向けて子ども同士の相互理解を図り、人と人とをつないでいく教育システムのことである。障害のある子どもを集団から切り離して教える教育に対置するシステムのことである。
③のように通常学級の中に「発達障害を含む障害のある子供が在籍している可能性がある」ということへの対応は、今の学校の教育課題である。実際に通常学級の中の6％は発達障害があると言われているが、そのための指導の工夫が求められているのである。ただ、通常学級に

おける指導の工夫で対応できる障害もあるが，それだけでは対応できないケースが多い。

　文言の②の中に，「通常の学級，通級による指導，特別支援学級，特別支援学校」とあるが，これは，障害の度合いの軽いものから重いものへ対処していくシステムの並びである。

　インクルーシブ教育と言っても，例えば，全盲の児童が通常学級で学ぶとしたらメリットもあるがデメリットも生ずる。メリットとしては，例えば，障害のない子どもが全盲の子どものことをよく知り，友達になり障害をもっている子ともっていない子が助け合うという思いやりの教育や人権教育ができることである。しかし，デメリットとしては，全ての指導時間で教師の側が視覚障害をもつ児童に配慮した学習指導を考えなければならないことや，そうなると他の子どもが視覚中心の学習を受けにくくなることがある。また，全盲の児童にとっては，例えば点字を使った指導などの学び方を特別支援教育専門の教師から学んだ方が学習効率がよくかつ将来的なキャリア教育につながっていくということもある。そういうメリットやデメリットも踏まえた上でその子どもにとって最適な教育を施していく必要がある。

(2) インクルーシブ教育に対応した指導システム

❶ ユニバーサルデザインの教育

　「通常の学級」の中での読み書きの困難を抱えている子どもへの国語科の指導ということでは，「国語授業のユニバーサルデザイン」ということが言われている。筑波大学附属小学校教諭の桂聖はこの「国語授業のユニバーサルデザイン」を次のように定義している。

　学力の優劣や発達障害の有無にかかわらず，全員の子どもが，楽しく「わかる・できる」ように工夫・配慮された通常学級における国語授業のデザイン。
（桂聖『国語授業のユニバーサルデザイン』東洋館出版社，2011年，17頁）

　そしてその方向性について次のようにコメントしている。

　これまでの特別支援教育だけの研究では，授業に参加できない子には，他の子とは別のプリントを渡したり，その子だけ作業量を少なくしたりするなど，バリアフリー的な個別の配慮がありきだったようです。

　こうした授業との大きな違いは，まずは国語授業づくりの工夫をするということです。そもそも，わかりにくい国語授業が多いです。まずはそれを改善することが重要です。それでも乗れない子がいた場合には，個別の配慮をしなければなりません。（前掲書，19頁）

　そして，桂は「気になるAさんに対する授業の工夫や配慮は，BさんにもCさんにも，楽し

く『わかる・できる』国語授業のユニバーサルデザインになる」（同14頁）として，その授業デザインの方法として「授業を焦点化（シンプルに）する」「授業を視覚化（ビジュアルに）する」「授業で共有化（シェア）する」の3点を提案し，その実践例を紹介している。これは，障害のある子どもの理解に焦点を絞った学習の工夫をすることで，どの子にもわかりやすい授業をしていこうという提案で，通常学級の範囲内での授業改善を目指したものである。この方法では，障害のある子もない子も同じ教室で同じ内容の勉強をする。しかし，このユニバーサルデザインで対応できるのは，対象児童・生徒の障害の程度が軽い場合であり，限界がある。

❷ 通級による指導，特別支援学級での指導，特別支援学校での指導という選択肢

そこで，次の「通級による指導，特別支援学級での指導，特別支援学校での指導」が必要になってくる。この三つの違いを説明する。

通級による指導は，学校教育法施行規則第百四十条に基づき，言語障害者，自閉症者，情緒障害者，弱視者，難聴者，学習障害者，注意欠陥多動性障害者及びその他の障害として肢体不自由者，病弱者に対して，障害に応じた特別の指導を行う必要があるものを教育する場合に，特別の教育課程として行われるものである。この場合，この子どもは，通常学級に在籍して，一部の授業の時間に，同じ学校の特別支援学級や，別の学校の特別支援学級や，専用の通級指導教室や，特別支援学校に通級して特別な指導を受けたり，指導員が学校を巡回して指導したりすることになる。障害別に指導を受ける時間に上限・下限が設けられている。

特別支援学級は，学校教育法第八十一条に基づくもので，幼稚園，小学校，中学校，中等教育学校，高等学校において，知的障害者，肢体不自由者，身体虚弱者，弱視者，難聴者及びその他の障害として自閉症・情緒障害者と言語障害者に対して，障害による学習上又は生活上の困難を克服するための教育を行うものである。この場合，この子どもは特別支援学級に在籍して教育を受けるが，交流教育として一部の授業を通常学級で受けることも可能である。

特別支援学校は，学校教育法第七十二条に基づき，視覚障害者，聴覚障害者，知的障害者，肢体不自由者又は病弱者（身体虚弱者を含む。以下同じ。）に対して，幼稚園，小学校，中学校又は高等学校に準ずる教育を施すとともに，障害による学習上又は生活上の困難を克服し自立を図るために必要な知識技能を授けることを目的として設置されている学校のことである。この場合，公立学校との交流学習も設定できるが，障害のある子どもには日常的にはその子たちだけの専門的な教育を受けさせる。

すなわち，障害の度合いが重くなるにつれて「通級による指導」→「特別支援学級での指導」→「特別支援学校での指導」と個別指導の割合が変わってくるのである。すなわち子どもにその障害の度合いに合った最適の教育を受けさせることが一番大切なのである。障害のある児童・生徒の指導で困難を感じている教師は，まず，子どもの進路の選択肢としてこのようないろいろな選択肢があることを承知しておく必要がある。障害のある子どもへの対応をするた

めに自分の日々の授業の指導技術を改善していくことも大切であるが，それでも対応できないケースは多い。そのためにまずは，教師が問題を感じた早い段階で，素早く子どもの障害の度合いを科学的・客観的に見極めるアセスメントを実施する必要がある。

❸ 通級指導教室について

クラス内の個別指導で対応しきれなくなった場合，次の選択肢としては，通級指導ということになるが，その具体的な展開方法例を紹介する。高松市立高松第一小学校の場合である。その通級指導の手引きには以下のように書かれている。

・通常の学級に在籍し，週に1～8時間の範囲内で，通級指導教室に通って勉強します。
・通級指導担当教員が，近隣の学校に赴き，曜日や時間を設定して指導を行う場合もあります。
・指導は1対1の個別指導を基本とし，必要に応じて小集団指導も行います。
・通常の学級担任や保護者の願いを参考にしながら，個別の支援計画，個別の指導計画を作成し，効果的な指導を行います。
・他校からの通級は，保護者が付き添うことをお願いしています。
（高松市立高松第一小学校発行『2016年度「通級指導教室」の手引き』）

この通級指導教室に子どもを通わせるためには，①保護者への教育相談，②在籍校での校内委員会，③高松市教育委員会との相談及び委員会の調査，④高松市教育委員会の判定，⑤保護者への希望確認，といった客観的で確実な手続きを段階的にとることになっている。

この「通級による指導」で対応できない場合，さらに「特別支援学級での指導」や「特別支援学校での指導」という選択肢もあるが，担任教師が「この子は学習に困難を抱えているのではないか」と思ったときにまず最初に行うべき客観的・科学的な調査の方法が，本スクリーニングテストなのである。

2 聞く，読む，書く能力の認知特性及び発達状態を探る

(1) 言葉生成のプロセスとスクリーニングテスト

❶ 言葉生成のプロセス

　認知科学の知見から，言葉の生成のプロセスを考察する。秋田喜代美は，「読むこと」について図を示しながら次のように説明している（秋田の図は省略。）

　読むことはもの作り，組み立て作業と似ていると述べました。しかし一方では，もの作りとまったく違う面もあります。それは，そこにあるものだけをつないで作るのではなくて，序章で述べたように，つなぎ手の側がすでに持っている知識を使うことで，文字で書かれていないことまでを頭で推論しながら，橋を渡しつなぐこと，そして文章が表そうとする意味の世界をつくりあげていくことです。文中にあるものだけでなく，読み手が手持ちの知識を使っていっしょにつくり出すということ，これが，「そこにある材料だけで組み立てる作業」との大きな違いです。
（秋田喜代美『読む心・書く心』北大路書房，2002年，23−24頁）

　小池俊英は，この秋田の考えを受けて，文章の読解過程について次のように説明を加えている。

　秋田は，読解のプロセスは，「分けるプロセス」と「つなぐプロセス」が同時に進行することを指摘した。すなわち，文章を読むプロセスでは，文中の語と語の関係を文法的に解読し，基本単位に分けていくプロセスが進行すると同時に，隣同士の文の関係や段落の関係など，内容をつなぐプロセスが進行する。内容をつなぐプロセスでは，読者が有する知識に基づいて，書かれていないことを推論しながら，文章の意味を把握する。LD児，高機能自閉症児，軽度知的障害児では，文の理解に困難を示す子ども，意味の把握に困難を示す子ども，知識に偏りを示す子ども，さらには推論に困難を示す子どもが認められる。したがって，学習支援においては，読解プロセスの困難に対応する援助を行いながら指導を行う必要がある。
（小池俊英「教科の指導Ⅰ　読み書きの指導」特別支援教育士資格試験認定会編『特別支援教育の理論と実践』金剛出版，2007年，83−84頁）

　これは，「読解過程」についての言及であるが，内田伸子は，『子どもの文章　書くことと考

えること』(東京大学出版会)の中で「文章理解と文章産出とは同一の意識活動,同一の認知過程によって支えられている。」と述べており,書くことにおいても,「読み手が前から持っている知識」に基づいた「切ること」と「つなぐこと」の「トップダウン処理」と「ボトムアップ処理」の同時進行によって成り立っていると言える。

「語句」→「文」→「段落」→「要点」とボトムアップし,その逆にトップダウンしながら文章の意味理解がなされていくのであるが,この基本単位の「語句」は,モーラ「音韻」がくっつき合って成り立つ。「つ」「く」「し」という三つの音韻が組み合わさって「つくし」という語句が生まれ,そのイメージが生成されるのであるが,そのためには,「つ」という文字と「tu」という音声が結びついていなければならない。すなわち音声から文字が出てこないと語句にならないわけで,我々のスクリーニングテストの小学校低学年「聴写」はそこから始まる。また,文字を書き写すためには文字を語句に切り分けて記憶し,その記憶したものを文字に起こすことができなければならず,これが「視写」ということになる。また「き」「が」「は」という三つの文字から「はがき」という言葉をつくれるようになるためには,記憶力や語彙力や言葉をつなぎかえる「切ってつなぐ」能力が必要となる。絵で表現されたものを言葉に変換できるためには同じく語彙力や言葉をつなぐ力が必要になる。質問された内容を描写された絵の中から選ぶためには絵と言葉を切ってつなぐ力が必要になる。さらに文節や連文節,文章を読んだり書いたりする力は,それらの文字や語句をさらに切って組み合わせて並べてつないでいく力が必要となり,より多くの記憶力と語彙力とが求められる。さらに生活経験や状況の中で場に応じた言葉を使うという社会性も必要となってくる。

この子どもの認知過程に寄与する言葉の力を,分析的かつ総合的に把握するための一つの方法が,このスクリーニングテストなのである。そしてこれは,短時間で実施できるツールである。もちろん,本当に詳しく見るためにはその後,本テストに関連させてWISC-IVやKABC-Ⅱなどの専門的検査を実施する必要があるが,その前に,ある程度の客観性をもって認知過程の問題点がありそうな子どもをピックアップできるのが,この検査のメリットである。

❷ 認知能力と国語科における言葉の力

このテストでは認知能力を調べるために「聞くこと,読むこと,書くこと」等について検査しているが,この「聞くこと,読むこと,書くこと」の能力は通常の国語科の授業の中で指導する内容であり,そういう点でこのテストでは,国語学力も評価できる。

ただこの場合の国語学力は,限定された国語学力である。例えば一般的に国語学力と言うときには「話すこと」や「話し合うこと」も含まれるが,この検査は「聞くこと,読むこと,書くこと」に限定している。もちろん「話すこと」や「話し合うこと」の能力は,言語の発達の視点から言うとまず最初に獲得する言葉の能力であり,「聞くこと,読むこと,書くこと」のベースになる能力である。そのベースになる能力の測定も必要であるが,その問題点は大体に

おいて，幼稚園や保育園の教育のプロセスで発見されているケースが多い。どちらかと言えば「話すこと」や「話し合うこと」は表面に見えやすい国語学力である。それよりも見えにくい学力が「聞くこと，読むこと，書くこと」の能力である。そしてまた，小学校入学後の学校教育で学習していくときの基幹学力がこの「聞くこと，読むこと，書くこと」の能力なのである。この見えにくい能力の問題を抱えている子どもたちは，おとなしく座っている場合もあるし，授業がわからないのに座らされているということで問題行動を起こす場合もある。そこで教師はこの見えにくい学力をこのテストによって把握しておく必要がある。

❸ 話しことばと書きことば

その前に，まず，発達の側面も踏まえて「話すこと」から「書くこと」へ進んでいく国語学力の筋道を押さえておきたい。国語の入門期である小学校1年生の国語学習のスタートは文字習得から始まる。まず文字を声に出して発音することから始まり，50音を読む練習，そして字形，筆順練習，長音，撥音，拗音，促音の指導を経ながらそして漢字学習へと入っていく。

これまで話しことば中心に生活してきた子どもが，小学校入学と同時にどっぷりと書きことばの世界に入っていくのである。そこには音声から文字というはっきりした違いはあるが，さらに音声どうしであっても，小学校入学前の話しことばと入学後に学ぶスピーチなどの話しことばとでは言語の位相が違うことを知っておく必要がある。これが「一次的ことば」と「二次的ことば」である。この二つのことばの位相の違いについて岡本夏木は次の表で説明している。

コミュニケーションの形態	1次的ことば	2次的ことば
（状　　況）	具体的現実的場面	現実を離れた場面
（成立の文脈）	ことばプラス状況文脈	ことばの文脈
（対　　象）	少数の親しい特定者	不特定の一般者
（展　　開）	会話式の相互交渉	一方的自己設計
（媒　　体）	話しことば	話しことば 書きことば

(岡本夏木『ことばと発達』岩波書店，1985年，27頁)

一次的ことばは，話しことばであり，具体的な現実場面をもつ。話し手と聞き手が同じ場面にいるので，主語や述語が省略されたり，文法が誤っていても場の文脈の中で通じ合えることばである。場で情報を補うことができ，またわかりにくければ，何度も聞き返すことによって理解することができる。これに対して，二次的ことばは，一部話しことばも含まれてはいるが，書きことば中心である。書きことばは，場面や状況を異にした世界で使われることが多い。

書きことばの書き手と読み手は，同じ時間，同じ文脈にいることなく，表現の発信と受信を行うことができる。どんなに遠く離れていても，書き手のメッセージを読み手に届けることが可能である。ただ，書き手と読み手が同じ場や同じ文脈にいないから，書き手の文字表現に託されたメッセージはそれだけで読み手に伝えなければならない。場や状況の助けを借りられない分だけ，主語，述語，修飾語などのしっかりした明解な文でなければならない。場合によってはその文章の中で，場や状況文脈も説明しなければならない。この一次的ことばから，二次的ことばへのことばの仕組みの移行が難しい子どもがいるのである。この二次的ことばで獲得することばの力の構成要素を具体的・系統的に示しているのが学習指導要領なのである。

(2) 学習指導要領との関係

❶ 各テスト項目と学習指導要領との関係

　学習指導要領には，文字を読むことや書くことなどの国語学力のベースになることがらが系統的に配置されている。そこで，学習指導要領と私たちが開発したスクリーニングテストの項目との関係についてここで整理しておきたい。
　テスト項目は，「聴写」「視写」「表記」「語彙」「想起」「聞き取り」「社会性」「文の構成」「読み取り」「語の識別」「作文」の11項目で成り立っている。ここでは，この11項目と国語科学習指導要領の内容との関係について押さえておきたい。以下で，それぞれのテスト項目とそのテストに結びつく国語科学習指導要領の内容を挙げる。小学校1，2年，小学校3，4年，小学校5，6年，中学校の順番で項目を列挙していくことにする。テスト項目の後に書いているのが関連する学習指導要領の内容である。
「聴写」……読み上げられた単語または文を聞き取り，平仮名で書き表す。
　［伝統的な言語文化と国語の特質に関する事項］の「イ　言葉の特徴やきまりに関する事項」の小1，2年「(イ)　音節と文字との関係や，アクセントによる語の意味の違いなどに気付くこと。」と小1，2年「(エ)　長音，拗音，促音，撥音などの表記ができ，助詞の『は』，『へ』及び『を』を文の中で正しく使うこと。」，中学校1年「イ　言葉の特徴やきまりに関する事項」の「(ア)　音声の働きや仕組みについて関心をもち，理解を深めること。」
「視写」……提示された文を見て，そのまま書き写す。
　［伝統的な言語文化と国語の特質に関する事項］の小学校1，2年「ウ　文字に関する事項」の「(ア)　平仮名及び片仮名を読み，書くこと。また，片仮名で書く語の種類を知り，文や文章の中で使うこと。」，小学校3，4年「イ　言葉の特徴やきまりに関する事項」の「(イ)　漢字と仮名を用いた表記などに関心をもつこと。」，「ウ　文字に関する事項」の「(イ)　第3学年及び第4学年の各学年においては，学年別漢字配当表の当該学年までに配当されている漢字を読むこと。また，当該学年の前の学年までに配当されている漢字を書き，文や文章の中で使うとと

もに，当該学年に配当されている漢字を漸次書き，文や文章の中で使うこと。」「(ウ) 漢字のへん，つくりなどの構成についての知識をもつこと。」，中1，2，3年「ウ　漢字に関する事項」の1年「(イ) 学年別漢字配当表の漢字のうち900字程度の漢字を書き，文や文章の中で使うこと。」，2年「(イ) 学年別漢字配当表に示されている漢字を書き，文や文章の中で使うこと。」，3年「(イ) 学年別漢字配当表に示されている漢字について，文や文章の中で使い慣れること。」

「表記」……絵を見て，その名称に対応する適切な表記を選択する。

　［伝統的な言語文化と国語の特質に関する事項］の小1，2年「イ　言葉の特徴やきまりに関する事項」の「(イ) 音節と文字との関係や，アクセントによる語の意味の違いなどに気付くこと。」「(エ) 長音，拗音，促音，撥音などの表記ができ，助詞の『は』，『へ』，及び『を』を文の中で正しく使うこと。」「ウ　文字に関する事項」の「(ア) 平仮名及び片仮名を読み，書くこと。また，片仮名で書く語の種類を知り，文や文章の中で使うこと。」

「語彙」……文を読み，前後の内容から判断して，適切な語句を選択する。

　［伝統的な言語文化と国語の特質に関する事項］の小1，2年「イ　言葉の特徴やきまりに関する事項」の「(ア) 言葉には，事物の内容を表す働きや，経験したことを伝える働きがあることに気付くこと。」，小3，4年「イ　言葉の特徴やきまりに関する事項」の「(オ) 表現したり理解したりするために必要な語句を増し，また，語句には性質や役割の上で類別があることを理解すること。」，小5，6年「イ　言葉の特徴やきまりに関する事項」の「(カ) 語感，言葉の使い方に対する感覚などについて関心をもつこと。」，中1，2年「イ　言葉の特徴やきまりに関する事項」の1年「(ウ) 事象や行為などを表す多様な語句について理解を深めるとともに，語や文章の中の語彙について関心をもつこと。」，2年「(イ) 抽象的な概念を表す語句，類義語と対義語，同音異義語や多義的な意味を表す語句などについて理解し，語感を磨き語彙を豊かにすること。」

「想起」……文字を並べ替え，意味のある言葉をつくる。正しい慣用句の使い方を選択する。

　［伝統的な言語文化と国語の特質に関する事項］の小1，2年「イ　言葉の特徴やきまりに関する事項」の「(イ) 音節と文字との関係や，アクセントによる語の意味の違いなどに気付くこと。」「(ウ) 言葉には，意味による語句のまとまりがあることに気付くこと。」，「ウ　文字に関する事項」の「(ア) 平仮名及び片仮名を読み，書くこと。また，片仮名で書く語の種類を知り，文や文章の中で使うこと。」，中1，2，3年［伝統的な言語文化と国語の特質に関する事項］の「イ　言葉の特徴やきまりに関する事項」の1年「(イ) 語句の辞書的な意味と文脈上の意味との関係に注意し，語感を磨くこと。」，2年「(イ) 抽象的な概念を表す語句，類義語と対義語，同音異義語や多義的な意味を表す語句などについて理解し，語感を磨き語彙を豊かにすること。」，3年「(イ) 慣用句・四字熟語などに関する知識を広げ，和語・漢語・外来語などの使い分けに注意し，語感を磨き語彙を豊かにすること。」

「聞き取り」……指示を聞き取って，絵の中から適切な事柄を選択する。

　［A話すこと・聞くこと］の小1，2年「エ　大事なことを落とさないようにしながら，興味をもって聞くこと。」

「社会性」……文章を読んで，場に応じた適切な内容を文章に書く。

　［C読むこと］の小1，2年「イ　時間的な順序や事柄の順序などを考えながら内容の大体を読むこと。」「ウ　場面の様子について，登場人物の行動を中心に想像を広げながら読むこと。」「オ　文章の内容と自分の経験とを結び付けて，自分の思いや考えをまとめ，発表し合うこと。」，小3，4年「イ　目的に応じて，中心となる語や文をとらえて段落相互の関係や事実と意見との関係を考え，文章を読むこと。」「ウ　場面の移り変わりに注意しながら，登場人物の性格や気持ちの変化，情景などについて，叙述を基に想像して読むこと。」，小5，6年「ウ　目的に応じて，文章の内容を的確に押さえて要旨をとらえたり，事実と感想，意見などとの関係を押さえ，自分の考えを明確にしながら読んだりすること。」「エ　登場人物の相互関係や心情，場面についての描写をとらえ，優れた叙述についての自分の考えをまとめること。」，中1年「ア　文脈の中における語句の意味を的確にとらえ，理解すること。」「ウ　場面の展開や登場人物などの描写に注意して読み，内容の理解に役立てること。」

「文の構成」……文節及び連文節を正しく並べ替えて，意味の通る文に組み直す。

　［伝統的な言語文化と国語の特質に関する事項］の小3，4年「イ　言葉の特徴やきまりに関する事項」の「(キ)　修飾と被修飾との関係など，文の構成について初歩的な理解をもつこと。」「(ク)　指示語や接続語が文と文との意味のつながりに果たす役割を理解し，使うこと。」，小5，6年「イ　言葉の特徴やきまりに関する事項」の「(オ)　文章の中での語句と語句との関係を理解すること。」「(キ)　文や文章にはいろいろな構成があることについて理解すること。」，中1，2年「イ　言葉の特徴やきまりに関する事項」の1年「(エ)　単語の類別について理解し，指示語や接続詞及びこれらと同じような働きをもつ語句などに注意すること。」，2年「(ウ)　文の中の文の成分の順序や照応，文の構成などについて考えること。」

「読み取り」……文章を読み，一つ一つの情報を整理し，答えを導き出す。

　［C読むこと］の小1，2年「イ　時間的な順序や事柄の順序などを考えながら内容の大体を読むこと。」，小3，4年「イ　目的に応じて，中心となる語や文をとらえて段落相互の関係や事実と意見との関係を考え，文章を読むこと。」

「語の識別」……句読点を省いた，全て平仮名で書かれた文章から3文字以上の名詞を探す。

　［伝統的な言語文化と国語の特質に関する事項］の小1，2年「イ　言葉の特徴やきまりに関する事項」の「(イ)　音節と文字との関係や，アクセントによる語の意味の違いなどに気付くこと。」「(ウ)　言葉には，意味による語句のまとまりがあることに気付くこと。」「(エ)　長音，拗音，促音，撥音などの表記ができ，助詞の『は』，『へ』，及び『を』を文の中で正しく使うこと。」「(カ)　文の中における主語と述語の関係に注意すること。」，「ウ　文字に関する事項」の

小1，2年「㋐　平仮名及び片仮名を読み，書くこと。また，片仮名で書く語の種類を知り，文や文章の中で使うこと。」，小3，4年「イ　言葉の特徴やきまりに関する事項の「㋕　表現したり理解したりするために必要な語句を増し，また，語句には性質や役割の上で類別があることを理解すること。」「㋖　修飾と被修飾との関係など，文の構成について初歩的な理解をもつこと。」，小5，6年「イ　言葉の特徴やきまりに関する事項」の「㋔　語句の構成，変化などについての理解を深め，また，語句の由来などに関心をもつこと。」「㋕　文章の中で語句と語句との関係を理解すること。」，中1，2年「イ　言葉の特徴やきまりに関する事項」の1年「㋔　単語の類別について理解し，指示語や接続詞及びこれらと同じような働きをもつ語句などに注意すること。」，2年「㋔　単語の活用について理解し，助詞や助動詞などの働きに注意すること。」

「作文」……友達について作文する。

　[B書くこと]の小1，2年「ア　経験したことや想像したことなどから書くことを決め，書こうとする題材に必要な事柄を集めること。」「イ　自分の考えが明確になるように，事柄の順序に沿って簡単な構成を考えること。」「ウ　語と語や文と文との続き方に注意しながら，つながりのある文や文章を書くこと。」，小3，4年「イ　文章全体における段落の役割を理解し，自分の考えが明確になるように，段落相互の関係などに注意して文章を構成すること。」

❷ スクリーニングテストで測定できる国語学力

　以上，スクリーニングテストの各項目と学習指導要領で示されている国語学力との関係を見てきたが，「聴写」「視写」「表記」「語彙」「想起」「文の構成」「語の識別」は，主として「伝統的言語文化と国語の特質に関する事項」の内容と関係があり，「聞き取り」が「話すこと・聞くこと」に，「社会性」と「読み取り」が「読むこと」に，「作文」が「書くこと」の内容と関係している。もともと「伝統的言語文化と国語の特質に関する事項」の部分はこれまでの学習指導要領では「言語事項」と呼ばれていた部分である。すなわちこの「伝統的言語文化と国語の特質に関する事項」は，言葉を生活の場で応用して使っていくための基盤となる部分であり，本スクリーニングテストの項目とこのような形で関わり合っているのである。それゆえ本スクリーニングテストで，子どもの国語学力が全てわかるわけではない。本スクリーニングテストで測定できる国語学力は学習指導要領で言われている国語学力の中でもベースになる基礎・基本となる国語学力なのである。この基礎・基本となる国語学力・認識力は国語以外の他教科の学力を支える学力でもある。

第2章 国語科スクリーニングテストの特徴と実施方法
武藏博文・佐藤宏一・石井美帆・野瀬五鈴

1 国語科スクリーニングテストの目的と構成

(1) スクリーニングテストの目的

　国語の学習における，児童生徒の「聞くこと，読むこと，書くこと」等の習得状況を簡便に把握し，授業の内容や進め方に役立てるとともに，つまずきが疑われる児童生徒の特徴をおおよそ把握し，個に応じた指導・支援を検討することを目的としている。
　このスクリーニングテストの結果を踏まえて，さらに詳細に児童生徒の認知特性を把握する必要があると判断された場合は，WISC-ⅣやKABC-Ⅱなどの個別の心理検査の実施につなげることも考慮する。テストの要点は，次のとおりである。

・適用年齢は，小学校1年生から中学校3年生までである。
・テストの種類は，小学校は2学年を1単位として3種類，中学校は全学年共通とし，全部で4種類である。これは，発達の段階と学習指導要領の内容を踏まえての分類である。
・テストの実施は，一斉もしくは個別のいずれでも行える。実施手順に従って，どの教員も，日常の授業の中で，簡単に（第一段階として）実施することが可能である。
・問題は，国語科の指導内容の範囲で作成し，聞く，読む，書く等の能力に加えて，背景となる認知特性の両面から把握できるように構成されている。
・スクリーニングにより，学級の児童生徒の実態を把握し，国語等の授業内容や方法を検討できる。
・つまずきが疑われる児童生徒には，個別プロフィールによる分析を行うことで，聞く・読む・書く等のつまずきの特徴をとらえて，指導内容や方法を検討できる。
・児童生徒の実態に応じては，下学年のテストを実施し，状態を把握することも可能である。

(2) スクリーニングテストの種類と問題の構成

　小学校段階は，第1・2学年対象を「小国A」，第3・4学年対象を「小国B」，第5・6学年対象を「小国C」，中学校は全学年共通の「中国」とし，全部で4種類のテストを作成した。問題の構成は，系統性を意識し，全学年において共通の項目とし，問題数もほぼ統一した。測る内容に差異が出ないようにし，経年で把握できるようにするためである。
　テストの内容は11の問題から成っている。そのうち，「表記」は，小国A，小国Bのみである。「文の構成」「読み取り」「語の識別」は，小国B，小国C，中国のみである。また，「語の

識別」「作文」は，スクリーニングでは採点に含めず，個別プロフィールによる分析を行うときに参考とする。問題一覧を表2-1に示す。

①「聴写」…読み上げられた単語または文を聞き取り，平仮名で書き表す。聞き取った言葉の意味を理解することで，書き表すことの確実さが増す。
②「視写」…提示された文を見て，そのまま書き写す。読み取った文字を音に変換して意味を理解することで，書き表すことの確実さが増す。
③「表記」…絵を見て，その名称に対応する適切な表記を選択する。特殊音節や覚えにくい文字列等（「とうもろこし」を「とうころもし」）を問題としている。
④「語彙」…文を読み，前後の内容から判断して，適切な語句を選択する。状態を表す言葉，感覚的で慣用的な言葉，特定な場面での用言等を問題としている。
⑤「想起」…文字を並べ替え，意味のある言葉をつくる。正しい慣用句の使い方を選択する。ばらばらの文字あるいは文意を手がかりに，言葉を記憶から想起する力を測る。
⑥「聞き取り」…指示を聞き取って，絵の中から適切な事柄を選択する。聞き取った言葉を記憶して，事柄（人・物）の位置や関係を抽出し，絵の視覚情報と照合する力を測る。
⑦「社会性」…文章を読んで，場に応じた適切な内容を文章に書く。自己の感情表現，他者を傷つけない対応，相手の言葉の意味を推測した受け答えを問題にしている。
⑧「文の構成」…文節及び連文節を正しく並べ替えて，意味の通る文に組み直す。部分から全体を把握する力や，言葉のつながり，修飾―被修飾の関係等を理解する力を測る。

表2-1 テスト別の問題内容と問題数

問題	小国A	小国B	小国C	中国
聴写	単語4問	一文4問	一文4問	一文4問
視写	平仮名文3問	漢字仮名文3問	漢字仮名文3問	漢字仮名文3問
表記	平仮名6問	平仮名・片仮名6問	―	―
語彙	状態3問	慣用表現3問	用言3問	用言3問
想起	平仮名4問	平仮名4問	平仮名4問	慣用句4問
聞き取り	動物園3問	誕生会3問	図書館3問	図書館3問
社会性	自己表現2問	他者理解2問	他者理解2問	会話応答5問
文の構成	―	一文3問	一文3問	二文3問
読み取り	―	関係理解2問	関係理解3問	関係理解3問
語の識別	―	名詞（正答のみ）	名詞（正答のみ）	名詞（正答誤答の差）
作文	友だち（書き出し有）	友だち	友だち（七行以上）	友だち（2段落，七行以上）

⑨「読み取り」…文章を読み，一つ一つの情報を整理し，答えを導き出す。場面や状態を読み取る，複数のものの関係を推測する力を測る。
⑩「語の識別」…句読点を省いた，全て平仮名で書かれた文章から3文字以上の名詞を探す。独立語と付属語を区別して，単語とその意味を認識する力を測る。
⑪「作文」…友達について作文する。各問の正誤との関連性を見るために活用する。助詞や句読点，漢字の使用，述部の明瞭さ，文字の大きさや文章量等から評価する。

(3) 主な認知特性との関係

スクリーニングにおいて「つまずきの疑い・つまずきあり」と判断された児童生徒に対して，個別プロフィールによる分析を行う。個別プロフィールによる分析では，問題別に加えて，背景となる認知特性との関係で把握する。認知特性一覧を表2－2に示す。

情報処理のプロセスから，情報の入力，処理，表出のそれぞれに関して，聴覚，視覚，言語知識，順序関係，書字の五つの特性を挙げている。なお，小国Aでは，【順序位置】は取り上げていない。

① 【聴覚音韻】…耳から入った音を音節として正確に聞き分ける。困難があると，発音と表記の習得や特殊音節の習得，言葉の理解の遅れ等が生じる。
② 【視覚文字】…平仮名や漢字の字形や表記を正しく見分ける。困難があると，字の細かな形態（位置，向き，画数等）の誤り，音節の表記や語の認識でのつまずきが生じる。
③ 【言葉知識】…言葉に関する意味・知識を記憶より想起して利用する。困難があると，言葉や文字と意味の関係理解，前後の内容や文意のつながりの理解，言語的知識の活用に問題が生じる。
④ 【順序位置】…時間や数量の順序，位置や空間の関係を表す言葉を理解して利用する。困難があると，文字の書き誤りや，漢字の習得，文章理解等につまずきが生じる。
⑤ 【運動書字】…書字に関する視覚―運動の協応を適切に行う。困難があると，字形の崩れ，字の大きさの不揃い，枠からのはみ出し，基線の揺れ等が生じる。

さらに，言葉生成のプロセスから，音韻，語句，文法，読解の各レベルに関する四つの特性を挙げている。なお，小国Aでは，【統語理解】と【読み読解】を合わせて，【文と読取】としている。

❶【音と文字】…ことば（聴覚刺激）と文字（視覚刺激）を関係づけて扱い，その意味することを理解する。困難があると，聞き取りの細部や文字の読みで不正確・つまずきが生じる。

❷【単語理解】…単語・語句のまとまりを意識して理解し扱う。困難があると，単語を的確に正しく理解して，手早く流暢に扱うことにつまずく。

❸【統語理解】…言葉，単語・語句どうしのつながりを的確に理解し把握する。困難があると，文の続きをたどることができず，内容や関係を誤り，取り違える。

❹【読み読解】…文章から必要な情報を読み取って統合し，対人的な状況，事の因果関係等に関する思考・推理を進める。困難があると，直接に書かれていないことを推論しながら，文章の意味を把握することにつまずく。

表2－2　認知特性の一覧と問題構成

問題＼認知特性	聴覚音韻	視覚文字	言葉知識	順序位置（小国A以外）	運動書字	音と文字	単語理解	統語理解	読み読解	文と読取（小国Aのみ）
聴写	○				○	○				
視写		○			○	○				
表記	(○)	(○)	(○)			(○)				
語彙			○				○			
想起			○				○			
聞き取り	○			○				○		○
社会性			○						○	○
文構成				(○)				○		
読み取り				○					○	
語の識別		(○)	(○)			(○)				
作文		○			○			○		○

＊小国Aでは，認知特性に「順序位置」を含めない。「統語理解」「読み読解」を合わせて「文と読取」とする。
＊「表記」は，小国A，小国Bのみである。
＊「文構成」「読み取り」「語の識別」は，小国B，小国C，中国のみである。

2 スクリーニングテストの実施手続き

(1) 実施前の準備

　テストの実施は，一斉もしくは個別のいずれでも行える。静穏な場所を整える。それぞれのテストに「実施マニュアル」（第4章の各テストの項目を参照）が作成されている。実施者は，事前に目を通し，注意事項，指示の仕方を熟知する。問題用紙は右上綴じ冊子として準備し，鉛筆，消しゴムを用意させる。

(2) 実施手続き

　それぞれのテストの「実施マニュアル」に従って実施者が指示を出しながら行う。実施者の指示に従って，問題用紙のページをめくって始めさせ，終了の合図で問題を終えさせる。
　もし，終了の合図の前に解答を終えたなら，勝手にページをめくらずにそのままの状態で待たせる。各問とも，時間制限を設けてある。時間がきたら，必ず鉛筆を置かせる。個人のペースで行わないように注意する。
　指示に従わない（勝手にページをめくる，鉛筆を置かない等）場合は，その様子を記録に残しておく。
　テストにかかる時間は，おおよそ20分（小国A）から30分（小国B，小国C，中国）である。

3 スクリーニングテストの採点と評価

　採点は，それぞれのテストの「正答及び判断基準」と「語の識別・作文の評価基準」に基づいて行う。結果の記入は，学級等でのスクリーニングでは「スクリーニングテスト評価表」を，個別に結果を分析する場合は「個別プロフィール表」を用いる。
　評価は，それぞれのテストの学年ごとの「つまずき段階換算表」を用いて，「つまずきなし」，「つまずきの疑い」，「つまずきあり」の3段階で行う。

(1) スクリーニングでの採点と評価

　学級等で一斉に行ったときは、「スクリーニングテスト評価表」に、その結果を一覧として記入する。各児童生徒の問題ごとの正答数を記入し、次に正答数の合計を求めて記入する。なお、スクリーニングでは、「語の識別」「作文」は採点に含めない（図2-1）。

　さらに、該当する学年の「つまずき段階換算表」の「スクリーニング正答数合計」の全体の数値を用いて、各児童生徒のつまずき段階を評定する。スクリーニングでは、全体の数値を使うとよい。まず、備考欄の上に、「つまずきの疑い」「つまずきあり」となる正答数合計の得点をそれぞれ書き込む。次に、それを見ながら、各児童生徒の欄に、「つまずきなし」は無記入、「つまずきの疑い」は「1」、「つまずきあり」は「2」に印をつける。

　学級全体の解答状況から、全体的に誤答の多い問題を把握して、授業内容や進め方等について、今後の指導の参考とする。「つまずきの疑い」「つまずきあり」と判断された児童生徒に対し、個別プロフィール表による分析を行う。

国語科スクリーニングテスト評価表　小国B　　学級名：4年2組
　　　　　　　　　　　　　　　　　　　　　　実施日：平成○○年5月1○日

No.	名前	も1 聴写 ①② ③④	も2 視写 ①②③	も3 表記 ①②③ ④⑤⑥	も4 語彙 ①②③	も5 想起 ①② ③④	も6 聞き取り ①②③	も7 社会性 ①②	も8 文構成 ①②③	も9 読み取り ①②	正答数 合計 /30	備考 1：疑い（25以下） 2：あり（23以下）
1	△田 ○太	4	2	5	2	4	3	2	3	2	27	1　2
2	□木 ○朗	4	1	5	1	4	3	2	3	2	25	①　2
3	○藤 ○子	3	3	6	2	3	3	2	2	2	26	1　2
4	△橋 ○也	4	3	6	3	4	3	2	3	2	30	1　2
5	○中 ○美	4	3	5	1	4	2	1	2	1	23	1　②

図2-1　スクリーニングテスト評価表の記入例

(2) 個別プロフィール表による分析

　個別にテストを実施したとき、あるいは、スクリーニングで「つまずきの疑い」「つまずきあり」と判断された児童生徒には、「個別プロフィール表」を用いて分析を行う（図2-2）。

　まず、対象児童生徒の問題ごとの正答数と、「語の識別」「作文」の得点を記入する（個別プロフィール表中の「a正答数」）。問題番号欄の誤答の番号を「／」（スラッシュ）記号でマークしておく。後で、どの問題に誤答したのかを検討するときに役立てる。「語の識別」「作文」はそれぞれの「評価基準」に基づいて採点する。

　次に、認知特性ごとに正答数（白抜きの欄）を記入し、その合計を求める（表中の「b合計得点」）。このとき、「表記」は、正答数／2を得点とする。

さらに，対応する学年の「つまずき段階換算表」の男女別の数値を用いて，問題ごと，認知特性ごとのつまずき段階を評定する。「c 問題別評価ランク」「d 認知特性別評価ランク」の各欄に「つまずきなし」は無記入，「つまずきの疑い」は「1」，「つまずきあり」は「2」に印をつける。このとき，「表記」の問題別評価ランクは，元の正答数で評定を行うので注意する。最後に，つまずき段階をプロフィール図にプロットする（図中の「e つまずき段階を記入」）。

問題別プロフィールから，児童生徒の「聞くこと，読むこと，書くこと」等のつまずきの様子を把握することができる。認知特性別プロフィールから，情報処理と言葉生成のそれぞれのつまずきの様子を把握することができる。普段の学習の様子や，指導者が感じている児童生徒の特徴を合わせながら，困難の内容を分析する参考資料として活用する。

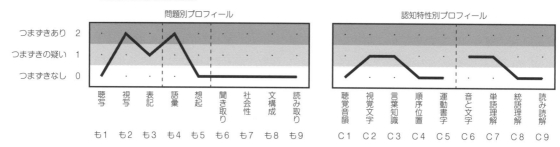

図2-2　個別プロフィール表による分析の記入例（小国B，4年生男子の基準による）

4 スクリーニングテストの活用法

(1) つまずきの疑いのある児童生徒の判断基準

　後述の表2-3「問題別・認知特性別の平均正答数及び標準偏差」（30頁）の結果から，テスト全体，各問題別，認知特性別の「−SD値」の得点を決定した。「−1SD値」（15〜20パーセンタイル値）以下を「つまずきの疑い」とし，「−2SD値」（およそ3パーセンタイル値）以下を「つまずきあり」として，それぞれのテストの学年ごとに「つまずき段階換算表」を作成した。

(2) スクリーニングテストとして学級での利用

　スクリーニングテストとして，年間を通して実施することが可能である。年度当初（5月ごろ）に行う場合は，学級の児童生徒の実態を大まかに把握して，年間の指導方針を立てる際に活用する。また，つまずきの疑われる児童生徒の存在・様子を確認することができる。

　年度の中ごろ（7〜12月ごろ）に行う場合は，数カ月の指導を踏まえて，学級の児童生徒全体の学習状況を把握し，授業内容や進め方を検討するのに活用する。年度当初に加えて，年度の途中で行うことで，学級全体の学習状況の変化を把握して指導に役立てることができる。教員が特定の児童生徒に対して，学習内容の習得や定着に疑問を感じている場合，その程度と要因を探り，より具体的に個別に見極めるための資料とする。

　年度末（1〜3月ごろ）に行う場合は，児童生徒の学習効果の検証，指導内容及び方法の検証，次年度に向けた課題の検討等の年間の振り返りの資料として活用する。

　スクリーニングテストの結果と，国語等の教科のテストとの間には関連が見られる。両者がともに低い場合，児童生徒のつまずきに応じた配慮，得意を生かした指導が求められる。ときに，スクリーニングテストの結果がつまずき段階でなくても，国語等の教科のテストの結果が低い場合がある。生活・学習環境等の問題で，学習意欲が低下していることが考えられる。環境の調整や意欲の高揚に配慮した指導を考える必要がある。

　なお，このテストは，読み書き障害等の発達障害を判断するためのものではない。その点を注意して扱うことが必要である。児童生徒の「聞くこと，読むこと，書くこと」等の習得状況を示すものである。

(3) つまずきの疑いのある児童生徒の指導への活用

　個別プロフィール表による分析により，児童生徒がどの領域でつまずきを示しているかを明らかにする。問題別プロフィールから，関連する学習指導要領の内容を知ることができる（第1章参照）。さらに，認知特性別プロフィールから，つまずきの背景となっている認知特性と関連させて検討する。個別プロフィール表の例とその解釈を示す。

❶ 聞き取りや文字の表記につまずきが疑われるタイプ

　聞き取って書き記す，適切な表記を思い出す等の音と文字との関係，特殊音節の表記に弱さが見られる。先生の指示を聞き取ったり，聞き取ったことを記憶して活動したり，ノートを正確にとったりすることが不得手である。順序立てて明確に指示する，単語や短文での手がかりを併せて示す，手本を示して書き取らせる等の支援を工夫する。

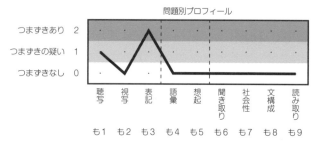
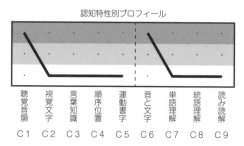

❷ 文としての表現や説明につまずきが疑われるタイプ

　場面に応じた適切な文や意味の通る文をつくって表現する等の文の解釈や組立に弱さが見られる。自分の気持ちをうまく表現する，場面や状況を順序立てて説明することが不得手である。文の一部を（　　）にして書き込み式にする，5W1Hをメモしてから文をつくらせる，伝えたいことを書き出し整理してから文をつくらせる等の支援を工夫する。

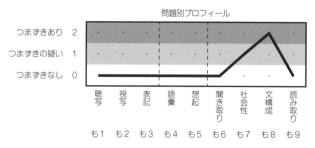
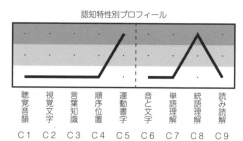

❸ 状況の理解，関係の推測につまずきが疑われるタイプ

　物事の因果関係を理解する，複数の関係を推測する等の文章内容の読み取りや推理に弱さが見られる。それが表現の拙さにつながる。教科書等の内容理解が一方的な思い込みであったり，テスト問題の意図を取り違えていたりする。文章のキーワードを示す，絵図を使って関係を示

す，文面に表れていない部分を文にして補う等の支援を工夫する。

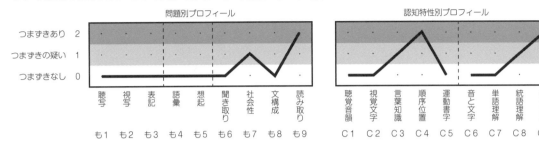

❹ 聞いたり読んだりしたことを言葉として理解し利用することにつまずきが見られるタイプ

　言葉のまとまりやつながり，想起する等の単語レベルでの操作に困難が見られる。文章を読んで，内容を推測することはできるが，先生の指示を聞き違う，言葉を取り違う，文を書き違う等のミスを起こしがちである。短く簡潔に指示する，色や下線をつけたりラベルを貼る等の視覚的に明確にする，ヒントを豊富にして確認させる等の支援を工夫する。

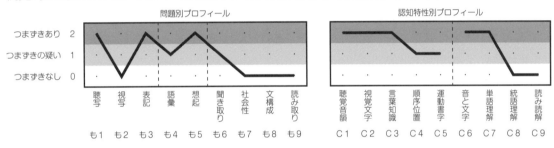

❺ 言葉や文を理解して表現することにつまずきが見られるタイプ

　適切な言葉を思い出す，関係を理解する，文を組み立てて表現する等の言語に関わる知識を活用することに困難が見られる。先生の指示や教科書に書かれた内容を次々と適切に理解することが不得手である。言葉を別の言葉で言い換える，関係づけて覚えさせる，質問と答えを対にする，場面を説明する，物語にして話す等の支援を工夫する。

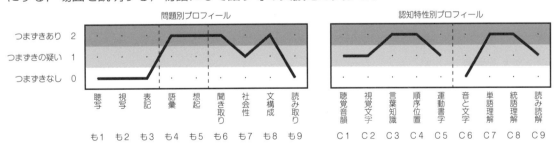

❻ 文字や文を書くことにつまずきが見られるタイプ

　字を書くことに時間がかかり，表記の不正確，字の間違い，はみ出し等の書字の困難が見ら

れる。文章を読んで理解することはできるが，板書を写す，メモやノートをとる，作文を書くこと等が不得手である。書く負担を減らして選択式のプリントにする，マス目を大きくする，書くための時間を延長する，ワープロを使う等の支援を工夫する。

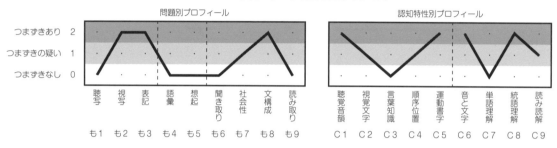

(4) 保護者への対応

　子どもの示すつまずきに対して，保護者が理解を深めるように配慮することが大切である。「聞くこと，読むこと，書くこと」のつまずきは，気がつきにくいので，「繰り返し読んだり書いたりすれば何とかなる」「苦手だからこそ，遅れないようにやらせる」「宿題だから，しないといけない」となりがちである。

　まず，「つまずきなし」の部分を伝えることである。子どもが学習において利用できる力，認知特性に見合った学習の進め方を示す。それらを積極的に生かして，国語等の学習に取り組む方法を提案し，一緒に考える。このとき，子どもが興味や関心をもっていることを取り入れることも大切である。課題の提示や方法だけでなく，家庭で学習する環境を整え，認めて褒める仕組みづくりをすることも必要である。

　次に，つまずき・苦手な部分も伝える。そのとき，保護者の気持ちに配慮しつつ，状況が具体的にイメージできるように伝えることが大切である。学習の過程で考えられる困難の状態に対して，指導者としての工夫の意図とそのための手立ての例を併せて話すとよい。例えば，教科書が読めない，板書が写せないという子どもの場合，音読の苦手や書字の困難を指摘するだけでなく，自分で教科書が読めて，板書がわかって，授業についてこられるように，教科書に色マークをつける，難しい漢字に仮名をふる，板書するポイントを示す，書き込む欄が大きなプリントを用意する等の手立てを示す。

　個別プロフィール表は，保護者とのコミュニケーションの手立ての一つとして活用していただきたい。

5 スクリーニングテストの作成過程

(1) 問題の適正と検証結果

　小学校用3種類と中学校用，計4種類の試作版を作成して，2008年2月から3月に小学生691人を対象に実施し，2009年3月に中学1年生及び3年生285人を対象に実施した。問題の難易度は，正答率80～85%を目指した。集計後，正答率の低い問題は再考し差し替えた後，さらに検証を行い，目指す正答率の枠内に収まるよう調整を図った。全問題の半数以上にわたって不正解の者及び一部のみしか解答していない者は，集計から除外した。この過程で，極力少ない問題数でスクリーニングでの効果が得られるように検討した。

　同じ問題に解答する二学年において，上学年の正答率が高くなっており，学習経験の違いが認められた。小学校1年生の誤答数がやや高い結果となったが，テスト形式に対する慣れの問題と考えられる。なお，今回の検証データは，全学年，年度末に実施した結果である。この点を考慮して，年度当初に実施する場合，1学年下のテストを実施する，1学年下のデータを参照することも念頭に置くべきと考える。

(2) 問題別の結果検討

　最終的な検証結果は表2-3のとおりである。値は，各項目の平均正答数及び標準偏差を表している。

　「語の識別」については，小国B，小国Cは正答数，中国は正答数から誤答数を引いた数値を示している。正答数より誤答数が上回る場合は「0」とした。「語の識別」では，正答数または正誤の差の平均値が2点となるように，3点満点での得点化を行った。

　「作文」については，評価の観点を検討し，格助詞の使用，句読点の使用，述部の明確さ，仮名の書き間違い，漢字の使用，字の大きさ・間隔，文章量と段落，内容の適切さの八つの視点を採用した。それぞれのテストの学年ごとの基準を算出し，一つの項目を0.5点で加点し，作文の平均的な回答が3点となるように，4点満点での得点化を行った。

(3) 認知特性別の結果検討

　情報処理のプロセスから五つの特性を，言葉生成のプロセスから四つの特性を挙げている。各認知特性ともに，二つから三つ程度の問題で構成するように調整を図った。【言葉知識】は，

言葉や知識の想起，言葉を使った思考を，まとめて一つの指標としたため，関係する問題が多くなっている。なお，テストにより問題の構成が多少異なるため，認知特性を構成する問題にも違いがある。

表2－3　問題別・認知特性別の平均正答数及び標準偏差

			小国A1年生						小国A2年生					
			全体(124人)		男子(60人)		女子(64人)		全体(127人)		男子(65人)		女子(62人)	
			M	SD	M	SD	M	SD	M	SD	M	SD	M	SD
問題別正答合計		25問	21.06	3.15	20.67	3.23	21.44	3.04	23.20	2.10	22.86	2.18	23.56	1.96
も1	聴写	4問	3.52	0.80	3.38	0.90	3.66	0.67	3.73	0.57	3.65	0.65	3.82	0.46
も2	視写	3問	1.65	1.15	1.65	1.15	1.66	1.16	2.62	0.68	2.55	0.71	2.69	0.64
も3	表記	6問	5.01	1.06	4.90	0.99	5.11	1.13	5.55	0.68	5.48	0.75	5.63	0.58
も4	語彙	3問	2.59	0.59	2.53	0.65	2.64	0.52	2.80	0.46	2.74	0.54	2.87	0.34
も5	想起	4問	3.75	0.58	3.60	0.72	3.89	0.36	3.83	0.46	3.78	0.45	3.87	0.46
も6	聞き取り	3問	2.81	0.45	2.83	0.49	2.78	0.42	2.83	0.37	2.82	0.39	2.85	0.36
も7	社会性	2問	1.73	0.53	1.77	0.53	1.70	0.53	1.83	0.41	1.85	0.36	1.82	0.46
C1	聴覚音韻	10点	8.80	1.22	8.49	1.25	9.11	1.12	9.34	0.85	9.08	1.03	9.60	0.52
C2	視覚文字	6点	4.05	1.44	3.89	1.35	4.21	1.53	5.41	0.69	5.22	0.78	5.60	0.52
C3	言葉知識	16点	13.71	1.64	13.24	1.66	14.18	1.50	14.32	1.35	13.93	1.63	14.70	0.88
C4	運動書字	11点	8.27	1.84	7.80	1.91	8.74	1.66	9.46	1.22	8.98	1.46	9.93	0.65
C5	音と文字	10点	7.50	1.92	7.11	2.01	7.89	1.76	9.16	0.98	8.78	1.14	9.53	0.59
C6	単語理解	7点	6.26	0.85	6.00	1.01	6.53	0.55	6.68	0.65	6.57	0.82	6.80	0.41
C7	文と読取	9点	7.82	1.04	7.68	1.14	7.96	0.92	7.71	1.08	7.52	1.30	7.90	0.79

			小国B3年生						小国B4年生					
			全体(123人)		男子(68人)		女子(55人)		全体(111人)		男子(57人)		女子(54人)	
			M	SD	M	SD	M	SD	M	SD	M	SD	M	SD
問題別正答合計		30問	26.86	3.27	26.26	3.60	27.60	2.66	27.70	2.33	27.33	2.68	28.09	1.84
も1	聴写	4問	3.62	0.76	3.56	0.85	3.69	0.64	3.81	0.46	3.81	0.48	3.81	0.44
も2	視写	3問	2.62	0.59	2.49	0.66	2.78	0.46	2.65	0.63	2.63	0.67	2.67	0.58
も3	表記	6問	5.67	0.75	5.60	0.81	5.75	0.67	5.81	0.51	5.77	0.60	5.85	0.41
も4	語彙	3問	2.85	0.38	2.79	0.44	2.93	0.26	2.85	0.39	2.84	0.41	2.85	0.36
も5	想起	4問	3.61	0.65	3.51	0.74	3.73	0.49	3.85	0.53	3.81	0.64	3.89	0.37
も6	聞き取り	3問	2.57	0.71	2.51	0.76	2.64	0.65	2.59	0.59	2.51	0.63	2.69	0.54
も7	社会性	2問	1.76	0.46	1.74	0.48	1.80	0.45	1.84	0.37	1.77	0.42	1.91	0.29
も8	文構成	3問	2.59	0.72	2.56	0.80	2.64	0.62	2.67	0.58	2.60	0.62	2.74	0.52
も9	読み取り	2問	1.57	0.60	1.50	0.64	1.65	0.55	1.64	0.59	1.60	0.62	1.69	0.54
も10	語の識別	正答数	3.67	2.25	3.81	2.42	3.51	2.03	4.31	2.57	3.75	2.23	4.89	2.78
C1	聴覚音韻	10点	8.98	1.41	8.85	1.49	9.12	1.34	9.36	0.78	9.32	0.88	9.40	0.67
C2	視覚文字	9点	7.77	1.26	7.72	1.31	7.82	1.22	7.76	1.23	7.65	1.35	7.87	1.11
C3	言葉知識	19点	16.53	1.75	16.10	2.00	16.95	1.36	16.81	1.54	16.38	1.87	17.23	0.98
C4	順序位置	5点	4.13	1.00	4.07	1.08	4.20	0.92	4.22	0.90	4.13	0.86	4.30	0.95
C5	運動書字	14点	12.16	1.65	11.75	1.77	12.57	1.44	12.32	1.22	11.97	1.35	12.67	0.99
C6	音と文字	10点	9.12	1.25	8.95	1.40	9.28	1.06	9.36	0.89	9.32	0.99	9.40	0.79
C7	単語理解	10点	8.75	1.35	8.63	1.63	8.87	1.01	8.93	1.10	8.83	1.32	9.03	0.85
C8	統語理解	10点	8.41	1.45	8.05	1.63	8.77	1.17	8.47	1.08	8.13	1.14	8.80	0.92
C9	読み読解	4点	3.32	0.79	3.27	0.87	3.37	0.72	3.45	0.75	3.37	0.81	3.53	0.68

			小国C5年生						小国C6年生					
			全体(103人)		男子(44人)		女子(59人)		全体(106人)		男子(57人)		女子(49人)	
			M	SD	M	SD	M	SD	M	SD	M	SD	M	SD
問題別正答合計		25問	20.39	3.50	20.25	3.01	20.49	3.85	22.06	2.85	21.58	2.99	22.61	2.60
問1	聴写	4問	3.65	0.68	3.68	0.56	3.63	0.76	3.61	0.81	3.53	0.83	3.71	0.79
問2	視写	3問	2.44	0.85	2.30	0.85	2.54	0.84	2.62	0.68	2.49	0.76	2.78	0.55
問3	語彙	3問	2.47	0.90	2.43	0.87	2.49	0.92	2.59	0.61	2.60	0.68	2.59	0.54
問4	想起	4問	3.58	0.69	3.61	0.66	3.56	0.73	3.82	0.47	3.74	0.58	3.92	0.28
問5	聞き取り	3問	2.41	0.71	2.45	0.63	2.37	0.76	2.57	0.60	2.51	0.63	2.63	0.57
問6	社会性	2問	1.73	0.47	1.73	0.50	1.73	0.45	1.79	0.41	1.74	0.44	1.86	0.35
問7	文構成	3問	2.42	0.82	2.34	0.86	2.47	0.80	2.71	0.52	2.67	0.55	2.76	0.48
問8	読み取り	3点	1.70	1.03	1.70	0.89	1.69	1.12	2.34	0.91	2.32	0.89	2.37	0.94
問9	語の識別	正答数	5.36	2.59	5.61	2.30	5.17	2.79	6.46	2.63	6.46	2.85	6.47	2.37
C1	聴覚音韻	7点	5.80	1.26	6.07	0.94	5.53	1.48	6.12	1.19	5.93	1.20	6.30	1.18
C2	視覚文字	6点	4.55	1.36	4.70	1.29	4.40	1.43	4.82	1.17	4.43	1.22	5.20	1.00
C3	言葉知識	16点	12.95	2.13	12.95	1.85	12.95	2.41	13.63	1.90	13.03	1.87	14.22	1.77
C4	順序位置	6点	3.88	1.34	4.10	0.96	3.67	1.63	4.77	1.24	4.67	1.27	4.87	1.22
C5	運動書字	14点	11.22	1.90	10.85	1.88	11.58	1.88	12.03	1.84	11.33	1.77	12.72	1.67
C6	音と文字	7点	5.82	1.38	5.87	1.31	5.77	1.48	6.17	1.28	5.80	1.35	6.53	1.11
C7	単語理解	10点	8.15	1.75	8.50	1.17	7.80	2.16	8.68	1.35	8.50	1.36	8.87	1.33
C8	統語理解	10点	7.72	1.38	7.45	1.42	7.98	1.31	8.36	1.28	7.93	1.28	8.78	1.13
C9	読み読解	5点	3.22	1.19	3.33	1.06	3.10	1.32	4.02	1.10	3.90	1.06	4.13	1.14

			中国1年生						中国3年生					
			全体(149人)		男子(87人)		女子(62人)		全体(136人)		男子(58人)		女子(78人)	
			M	SD	M	SD	M	SD	M	SD	M	SD	M	SD
問題別正答合計		28問	21.30	4.22	20.50	4.08	21.70	4.28	23.50	3.30	22.90	3.90	23.90	2.80
問1	聴写	4問	2.90	0.80	2.74	0.80	3.13	0.76	3.10	0.70	3.02	0.76	3.15	0.65
問2	視写	3問	2.11	1.00	2.00	1.01	2.26	0.97	2.25	0.90	2.12	0.97	2.34	0.83
問3	語彙	3問	1.95	0.81	1.82	0.87	2.04	0.76	2.45	0.73	2.33	0.78	2.58	0.66
問4	想起	4問	2.73	1.15	2.75	1.18	2.71	1.11	3.22	0.97	3.41	0.88	3.08	1.02
問5	聞き取り	3問	2.42	0.67	2.33	0.66	2.55	0.67	2.73	0.52	2.74	0.58	2.72	0.48
問6	社会性	5問	4.68	0.80	4.62	0.88	4.76	0.67	4.71	0.79	4.45	1.10	4.90	0.35
問7	文構成	3問	2.43	0.76	2.34	0.81	2.48	0.72	2.61	0.68	2.56	0.78	2.65	0.57
問8	読み取り	3点	2.10	0.92	2.08	0.91	2.13	0.95	2.43	0.81	2.41	0.90	2.45	0.75
問9	語の識別	正誤差	5.83	3.05	5.51	3.02	6.27	3.05	8.71	3.86	8.42	3.94	8.94	3.81
C1	聴覚音韻	7点	5.40	1.28	5.20	1.30	5.60	1.25	5.83	0.83	5.73	0.88	5.93	0.80
C2	視覚文字	6点	4.58	1.31	4.23	1.38	4.93	1.14	4.58	1.33	4.40	1.48	4.76	1.15
C3	言葉知識	19点	15.46	2.33	14.70	2.58	16.22	1.78	15.94	2.18	15.52	2.21	16.38	2.05
C4	順序位置	6点	4.65	1.31	4.50	1.25	4.80	1.37	5.20	1.00	5.07	1.11	5.34	0.86
C5	運動書字	14点	10.78	2.20	10.18	2.29	11.38	1.97	10.85	2.16	10.58	2.50	11.12	1.78
C6	音と文字	7点	5.07	1.53	4.90	1.65	5.23	1.41	5.20	1.44	4.97	1.60	5.45	1.24
C7	単語理解	10点	7.51	1.88	7.28	2.11	7.73	1.63	8.20	1.55	8.20	1.48	8.19	1.63
C8	統語理解	10点	8.15	1.82	7.48	1.78	8.82	1.62	8.41	1.25	8.35	1.33	8.47	1.17
C9	読み読解	8点	6.95	1.23	6.97	1.16	6.93	1.31	7.07	1.26	6.70	1.48	7.45	0.83

第3章 国語科スクリーニングテストを活用した指導と評価の実践事例

1 小学校2年 書字や出来事の想起につまずきがあり，話すこと・書くことを苦手とした児童の指導事例

………富永大悟

　口頭で伝えることや作文を書くことが難しい小学校低学年の児童に対し，週1回の個別学習指導において，手がかりカードを利用して文章を作成する指導を行った事例を紹介する。

(1) 対象児童とその様子

　対象児は，通常学級に在籍する小学2年生の男子。医療機関でAD／HDと診断を受けていた。経験や体験したことを言葉にすることに苦手さが見られた。好きなことは詳しく話すが，相手に合わせた会話ができずに，一方的に話し続ける様子であった。

　保護者の主訴は，作文を書けない。みんなの前で発表できない。嫌な出来事があっても，すぐに話をせずに，無関係な会話の中で突然と思い出し話し始める。

　担任の主訴は，一斉指示の理解が難しい。発表を避ける。困ったことがあっても，本児からは話をしない。

(2) 国語科スクリーニングテスト，認知検査等の結果

　本児の国語能力と認知特性，言語能力を評価するために，国語科スクリーニングテストに加えて，個別式知能検査と絵画語い発達検査を実施した。

❶ 国語科スクリーニングテスト

　テストの解答の様子と総合評価：文字が大きくはみ出すなど，書くこと全般に難しさが見られた。視写では，枠やマスから文字がはみ出していた。作文では，書き出しに続けて書くことができずに，本児の話したい話題で作文を書いていた。スクリーニングテストでの総合評価は，つまずきの疑いであった（図3-1-1，3-1-2）。

　問題別プロフィールの評価：つまずきありと判断された項目は，視写であった。疑いありと判断された項目は，想起であった。

　認知特性別プロフィールの評価：つまずきありと判断された項目は，視覚文字，運動書字，音と文字であった。疑いありと判断された項目は，言葉知識，文と読取であった。

❷ WISC-Ⅳ知能検査

　全検査IQ 99，言語理解指標 105，知覚推理指標 95，ワーキングメモリー指標 103，処理速度指標 91。全般的な知的水準は平均の範囲であり，言語理解指標が知覚推理指標と処理速

度指標に対し有意に高く，ワーキングメモリー指標が処理速度指標に対し有意に高かった。
　WISC-Ⅳからわかる本児の特性は，言語を用いた思考や推論することが得意であり，単純な視覚情報を素早く書き写すことなどが苦手である。また，経験のない新規な情報に基づいて課題を処理することが苦手であると推察された。

❸ 絵画語い発達検査

　評価点は13点であり，平均の上であった。語い年齢は9歳7カ月。在籍学年よりも1学年上の語彙能力を有している。本児の生活年齢（8歳4カ月）からは1歳半以上高い結果であった。

❹ 実態把握の結果から，推測されるつまずきの要因

　本スクリーニングテストの誤答は，乱雑な書字による枠からのはみ出しと誤書字による減点が全問題を通して見られた。AD/HDの特性による可能性が考えられた。
　その一方で，生活年齢以上の語彙知識を有しているが，文章をつくることは難しさが見られた。

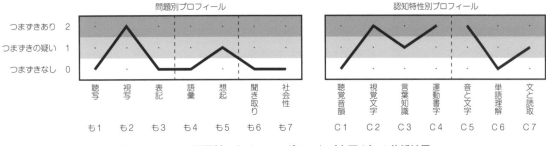

図3-1-1　国語科スクリーニングテスト（小国A）の分析結果

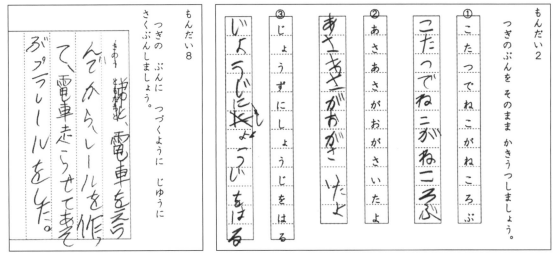

図3-1-2　国語科スクリーニングテスト（小国A）の解答（視写と作文の様子）

本児のつまずきは，文を作成するために経験したことや体験したことを想起し，文として構成する能力に弱さがあると推察された。

(3) 指導の様子

　本児への指導は，1回1時間，合計10回の個別指導を行った。1回の指導の中では，本指導に加え算数の指導などを併せて実施した。

❶ 指導目標・方針

・手がかりカードを使いながら，一人で作文を書くことができる。

　国語科スクリーニングテストの結果から，枠内に字を書くこと，書く内容を考えることの弱さが見られた。そのために，文を組み立て，作文をつくる経験に不足が生じ，学年相応の文の書き方が定着していないと考えられた。本指導では，本児の運動書字の困難さはAD/HDの特性として考え，指導から除外した。書く内容を考え，順序立てて文章を作成する指導を行った。

❷ 指導課題

・相手に何を伝える必要があるのか理解する課題
・5W1H（いつ，どこで，誰が，何を，なぜ，どうした）に対応して想起する課題
・手がかりカードを使い，文を構成する課題

❸ 指導の手立て・教材

・本児が好きなキャラクターどうしの会話を通して，相手に意図を伝えるために必要な情報（いつ，どこで，誰が，どうした等）を確認する。
・本児との会話を通して，日常の出来事の内容を確認し，「いつ，どこで……」を一つずつ提示して，対応する内容の想起を行う。
・相手に伝えるための内容と順序を手がかりカードとして提示する。
・穴埋め例文プリントを使い，空欄に出来事の内容を補いながら口頭で回答させる。
・口頭で話した内容を，手がかりカードを参照しながら作文として書かせる。
・書いた作文を読んで発表させ，本児が気になる部分の修正をうながす。
・指導教材は，三森ゆりか著『子どものための論理トレーニング・プリント』（PHP研究所，2005年）を参考にして作成した。

❹ 指導経過

　まず，会話全体を視覚的にとらえさせるために，キャラクターどうしが会話している場面で，

返答に関係なく一方的な質問をしているプリントを提示した。本児は、それぞれのキャラクターになりきりながら、声に出して会話をたどっていった。本児に会話になっていたか質問すると「これだと、何が言いたいのかわからない。」と答え、本児ならどうするか質問すると「わからない。」と答えた。本児は、伝わらない会話の状況は理解できているが、どのように伝えると、会話を成り立たせることができるのかを理解していなかった。

そこで、「いつ、どこで、誰が、どうした」の手がかりカードを本児に提示し、相手に話すためにどのような順番で必要な内容を伝えたらよいのか、その方法を説明した。次に、手がかりカードを参照しながら、穴埋め例文プリント（図3－1－3）に示したキャラクターの会話を埋めるように指示した。本児は、手がかりカードの順番と例文を確認しながら、プリントを埋めていった。穴埋めの終わったプリントは、音読させ内容が正しいか確認させた。間違えて穴埋めした箇所は、音読時に本児自身で気づき、修正することができていた。

指導最終回では、「なぜか」の理由を加えた手がかりカード（図3－1－4）を提示し、同様の指導を行った。

本児は、「いつ、どこで、誰が、何を、なぜ、どうした」に対する内容の想起を行い、プリントに書き込んでいった。手がかりカードとプリントを参考に、作文を行った。指導者に正しいかを確認することなく、本児自身で作文を書くことができた。書き上げた作文を読み上げさせると、読み終わった後に誤字脱字を書き直した。

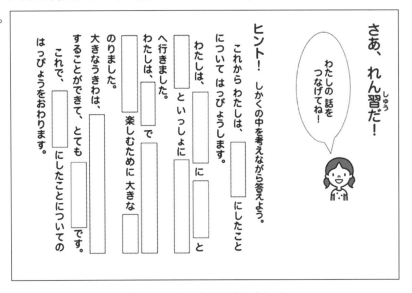

図3－1－3　穴埋め例文プリント

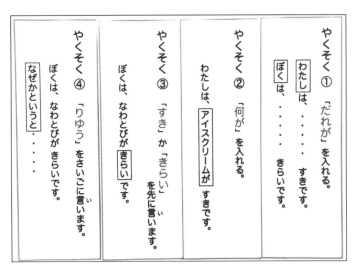

図3－1－4　手がかりカード

❺ 学習指導案

　8回目の指導案を提示する。好きなこと，嫌いなことを伝えるために，「なぜか」の理由を加えて話すことを理解させる。作文を書くための手がかりを見ながら書かせることで見通しをもたせ，自信をもって作文課題に取り組ませる指導を行った。

課題名	好きなこと，嫌いなことの理由を添えた作文を書こう	
目標	・穴埋め例文プリントを参考にして，作文を書くことができる。 ・書いた作文を見直し，書き直すことができる。 ・（発展）プリントにない内容を加えることができる。	
	学習活動	指導上の配慮
	①話題に合わせたカードを選択する。 ②手がかりカード，穴埋め例文プリントを参考に，5W1Hに対応させながら，具体的な話を思い出す。 ③5W1Hそれぞれについて書き込む補助プリントに，思い出した内容を書き留める。 ④手がかりカードと穴埋め例文プリント，補助プリントを参照して，作文を書く。 ⑤書いた作文を声に出して読み，書き加えることがあるか，誤字脱字があるか確認する。必要があれば書き直す。	・手元に複数の手がかりカードと穴埋め例文プリントを提示して選ばせる。 ・抽象的な話題や質問を避け，具体化しやすい経験を話題として取り上げる。 ・書かせる前に，口頭でどのような出来事を思い出したのか，話をさせる。 ・話題が逸れた場合には，補助プリントに書き留めた内容を確認させる。 ・本児の話題に合わせた想起と文章の構成に指導の重点を置き，誤字脱字については，口頭で発表させた後に修正させる。
評価	・穴埋め例文プリントを活用することができる。 ・書いた文章を音読し，文章の誤りの有無に気づくことができる。 ・話題に合った内容と文の構成で，作文を書くことができる。	

❻ 指導の効果

　作文の話題に合わせた穴埋め例文プリントを選んで使うことで，内容の想起や文章の構成がスムーズになり，書いた経験のない話題でも作文を書くことが可能になった。また，順序立てて文章を作成する経験を積んだことが，日常の会話においても活用されることが期待される。

(4) 教室での指導支援・家庭での配慮

　日常生活の中で学習した方法を使って，意識的に話をする機会をつくる。教室と家庭で共通した支援を行うことで，順序立てて話すこと・書くことの定着につながると期待される。

❶ **教室での支援・配慮**
・手元に必要な手がかりカードを提示する。
・5W1Hに対応させながら，穴埋め例文プリントにメモをさせる。
・書いた作文を小さな声で読ませ，書き足す内容があるか，誤字脱字があるか確認させ修正させる。

❷ **家庭での支援**
・学校での出来事について，5W1Hに対応させながら一つずつ質問する。
・穴埋め例文プリントを使いながら，出来事を口頭で話させる。
・内容が不明な箇所は，具体的に聞き取る。
・聞き出した内容を追加して，もう一度出来事を話させる。
・順序立てて伝えることができたときは，話した内容だけでなく，伝え方のよい点も褒める。

(5) まとめ

　本指導の対象児は，文を書くことが難しい，相手に伝わる話し方が難しいという主訴であった。国語科スクリーニングテストを含む複数の検査を行った結果，年齢以上の語彙を獲得している一方で，書字の難しさや日記や作文を書くことの経験の少なさが，文構成の困難さの一因であると推察された。
　指導では，「いつ，どこで，誰が，何を，なぜ，どうした」が文の構成に必要であることを，手がかりカードを使って順に説明し，穴埋め例文プリントで具体的に考えていく課題を行った。指導により，本児は，手がかりカードと穴埋め例文プリントを参考に本児自身が経験した出来事を文章にすることができるようになった。手がかりを活用することで，文章の構成方法を獲得することが可能であることが示唆された。

2 小学校3年　日常の出来事を文として表現する能力につまずきが見られた児童の指導事例

………富永大悟・吉田三紀

　学校や家庭生活の出来事を文にすることが難しい小学校中学年の児童に対し，週1回の個別学習指導において，短い文で書く練習を通して一人で文章を書く指導を行った事例を紹介する。

(1) 対象児童とその様子

　対象児は，通常学級に在籍する小学3年生の男子。医療機関でAD／HDと診断を受けていた。説明や話をよく聞いて覚えているが，日常の出来事を話すときに意味の取り違えが見られる等，言葉を正しく使って話すことが難しいようであった。
　保護者の主訴は，読み書きが難しく，日記や作文に何を書いたらよいかわからない。考える前に「ムリ」と言ってしまい，取りかかることが困難である。
　担任の主訴は，自分がやりたくないこと，自信がないことは「ムリ」と言ってしない。させようとすると怒りだす。授業中はノートに板書をとらず，立ち歩くことがある。

(2) 国語科スクリーニングテスト，認知検査等の結果

　本児の国語能力を評価するために，国語科スクリーニングテストを実施した。また，本児が指導前に医療機関で受けた知能検査を状態把握の参考にした。

❶ 国語科スクリーニングテスト

　テストの解答の様子と総合評価：聴写で，聞いた言葉から文字を想起して書くことに難しさが見られた。社会性と作文は，白紙の解答であった。文を考えて書くことに難しさが見られた。スクリーニングテストでの総合評価は，つまずきありであった（図3-2-1，3-2-2）。
　問題別プロフィールの評価：つまずきありと判断された項目は，聴写と視写，社会性，文構成であった。疑いありと判断された項目は，表記と想起であった。
　認知特性別プロフィールの評価：つまずきありと判断された項目は，聴覚音韻，視覚文字，言葉知識，運動書字，音と文字，単語理解，統語理解であった。疑いありと判断された項目は，読み読解であった。

❷ 田中ビネー知能検査Ⅴ

　全IQ　100。全般的な知的水準は平均の範囲であった。問題への取り組みは，意欲（興味）2，反応速度3，集中力3，粘り強さ2，言語の明瞭さ3，言語の表現力2，手先の器

用さ 3，作業速度 3であった。検査中の様子は，質問に対して自信がないと反応しない，難しい問題に対して解答を気にする，問題を解いた後不安そうにする，ゆっくり話し語彙が少ない，といった様子であった。

田中ビネー知能検査からわかる本児の特性は，意欲，粘り強さ，言語の表現力に弱さが認められた。言語を用いた思考や推論，聞いたことを覚えること，形をとらえて推論することが得意であり，抽象的な表現や曖昧な表現，長い説明を理解することが難しいと推察された。

❸ 実態把握の結果から，推測されるつまずきの要因

本スクリーニングテストの誤答は，聴写で文字を思い出せず書き進めることができない，視写で字形の書き間違いによる減点があったことから，AD／HDの特性による可能性が考えられた。また，文で解答が求められる社会性，作文は白紙解答であったことから，状況の理解や思考を整理し文を組み立てることに難しさがあるのではないかと考えられた。

本児のつまずきは，聞いた言葉を書き起こすことや文字を見て正確に写すこと，経験や体験したことを想起し，文章として構成する能力に弱さがあると推察された。

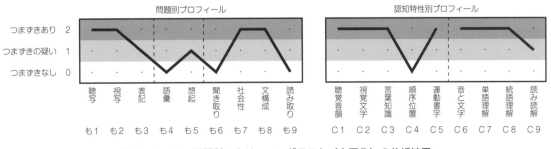

図3-2-1　国語科スクリーニングテスト（小国B）の分析結果

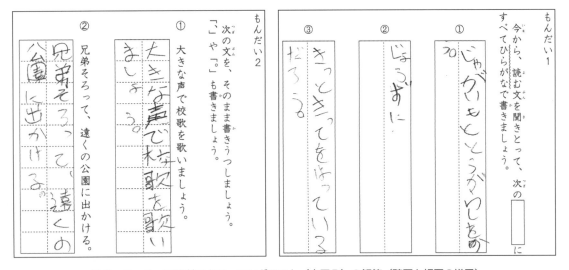

図3-2-2　国語科スクリーニングテスト（小国B）の解答（聴写と視写の様子）

(3) 指導の様子

　本児への指導は，1回1時間，合計10回の個別指導を行った。1回の指導の中では，本指導に加え社会性の指導を併せて実施した。

❶ 指導目標・方針
　・日常の出来事について，短い文で構成した日記（三行日記）を書くことができる。

　国語科スクリーニングテストの結果から，文字を早く正確に思い出すこと，書き写すこと，経験から状況を推測し適切な文を書くことに難しさが見られた。本指導では，文字を書く負担を減らして，文を作成する指導を行った。文にする話題を考えることが難しいため，ゲームを通して，本児自身や家族や友達等の周りの人の事柄について話をする課題を設定した。

❷ 指導課題
　・ゲームを通して，自分自身や周りの人，出来事について話をする課題
　・短冊を使って，ゲームで話した内容や日常の出来事を短い文で書く練習をする課題

❸ 指導の手立て・教材
　・自分自身や周りの人や物について目を向けることができるように，ゲームを通して話をする時間をとる。
　・文章を書く際には，短冊を並べて文をつくったり，書き込む枠の大きさを大きくしたりする等の書く負担の少ないものにする。
　・書く練習はスモールステップで進めるようにし，実際に課題を行う前に例を示したり，一緒に書き方を確認したりする。
　・文が書きやすいよう，書き方のパターンを例文（短冊の並べ方の見本）として示す。
　・書いてみたいと思う気持ちを大切にするため，空欄を少しでも埋めたり，1文でも書けたりしたときには称賛する。
　・指示や説明をするときは，肯定的な表現を使うようにする。
　・家庭と連携し，家庭で日記が書けたときには称賛する。

❹ 指導経過
　1回目の指導は，「魚つりゲーム」を通して，本児自身の「好きなキャラクター」や「好きなこと」といったテーマで話をさせた。本児は，自ら話すことはなく，指導者からの問いかけに，単語や短い文で答えるのみであった。その際，指導者と視線を合わせたり，表情を表したりすることはなかった。また，何をどのように話せばよいか考えている様子が見られ，回答までに少し間が見られた。その後に，話した内容について，短冊を並べて文につくらせた。

2回目の指導は「好きなこと」をテーマに選び，例文（短冊の並べ方の見本）を参考にしながら短冊に記入して並べた。学習の終わりには，その日に学習したことを三行日記に書いた。短冊を使って文をつくっていたため，あまり抵抗感なく取り組むことができた。

　3回目の指導は，「サーキットゲーム」を通して，家族の「好きな動物」や「ほしいもの」について話をさせた。事前に，家族にインタビューを行い，プリントに書いてくることを宿題とした。話をするときは，書いてきた内容をそのまま答えていた。プリントに書かれていない内容についてたずねると，話すまでに少し間はあるものの，答えることができた。以前よりも，ゲームに積極的に取り組み，表情も出てくるようになった。

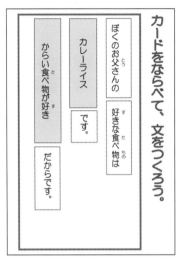

図3－2－3　短冊の並べ方の見本（右）　本児が指導中に並べた短冊（左）

　4回目の指導は「お母さんの好きな動物」，5回目は「お姉ちゃんのほしいもの」で文をつくった。理由も付け加えた文をつくるようにしたが，文にまとめることができた（図3－2－3）。三行日記では，指導者からのヒントがあれば，文を仕上げることができた。

　6・7回目の指導は，「ビンゴゲーム」を通して，友達の「好きな食べ物」や「好きなスポーツ」について話をした。インタビューをメモしたプリントを見ながら，本児自身の言葉で話したり，内容を付け加えて話をしたりすることができた。ゲームで選ばれなかった話題を文につくった。短冊を渡されると，すぐに書き始めた。また，漢字を使って書こうとする様子も見られた。

　8・9回目の指導は，「メダルゲーム」を通して，本児自身や家族，友達の「楽しかったこと」や「がんばったこと」について話をした。話をすることにも慣れ，テーマ以外のことも話すようになった。「自分自身の楽しかったこと」「お父さんの楽しかったこと」「お父さんのリラックス方法」について文をつくった。短冊を何枚も使い，話した内容を長い文で表現した。

　指導最終日は，テーマについての作文と三行日記を，短冊を用いずに，プリントに直接書くように指示した。しかし，文の内容がうまく浮かばず，指導者と話をしながら文をつく

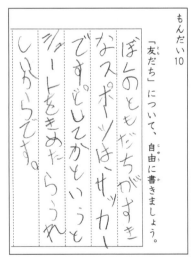

図3－2－4　作文問題の解答

った。直接書くことに少し戸惑った様子が見られた。国語科スクリーニングテストの状態に変化が見られたか確認するため，白紙の解答であった作文を改めて行った。得点は１点であったが，文を書くことができた（図３－２－４）。

❺ **学習指導案**

5回目の指導案を提示する。思い出すことと文に書くことを分けて行う。話をすることで内容を広げ，文に書く話題を掘り下げる。その上で，文の部分を短冊に書いて並べ替え，文章を作成させる指導を行った。

課題名	家族の好きなことについて話をし，短冊を使って文をつくろう
目標	・話題カードに書かれている内容について話をする。 ・短冊を並べ替えて，短い文をつくることができる。 ・（発展）文に理由を付け加えることができる。

学習活動	指導上の配慮
①話題カードの山札から，１枚カードをひき，カードの内容を声に出して読む。 ②インタビューした内容をメモしたプリントを確認して，話題について自由に話す。 ③数回繰り返した後，文にする話題を決める。 ④白紙の短冊に，話題の内容を書く。短冊を文になるように並べる。 ⑤並べた文を音読して，正しく並んでいるか確認する。	・事前に家庭でインタビューを行わせ，メモを書かせておく。 ・具体的に質問しやすい話題を取り上げる。 ・話がわかりにくいときは，質問することで，内容を掘り下げて話すようにうながす。 ・文をつくるための手がかりとなる例文（短冊の並べ方の見本）と，文をつくるための短冊を提示する。 ・例文は２・３種類提示し，書きたい文に合わせて選択させる。 ・短冊は，書く必要がある箇所に色をつける。また，短冊の横にヒントを記載する。 ・書き方に困ったときは，話をさせながら，書き方の例示を示す。
評価	・質問に対して，単語でなく，適切に話ができる。 ・話した内容の文になるように，短冊を書き埋めることができる。 ・（発展）例文を確認しながら，「理由」を含めた文をつくることができる。

❻ **指導の効果**

話題に合わせた例文や短冊を手がかりにすることで，内容の想起や文章の構成がスムーズに

なり，文をつなげて作文を書くことが可能になった。また，作文に対する本児の困難さが軽減することで，日記等の文章を書く課題に一人で取り組むことが期待される。

(4) 教室での指導支援・家庭での配慮

学校や日常生活での出来事を文に書いて表現することにより，文章を読んだり書いたりすることへの抵抗感が和らぎ，自信をもって取り組むようになることが期待される。

❶ 教室での支援・配慮
- 本児が興味・関心をもって行える活動を取り入れる。
- 主部カード（鳥が／犬が），述部カード（飛んでいます／追いかけてきました）を使い，組み合わせを楽しみながら学ばせる。必要に応じて様子や状態を表すカードを加える。
- 文を書く活動の際には，書き方の例を示したり，カードや短冊等を使ったりする。
- 書く内容について本児に話をするよう声をかけたり，質問したりする。
- 時間内に書くことができなかった場合は，個別に指導する機会を設けるようにする。

❷ 家庭での支援
- 日記を書く前に，その日の出来事について問いかけや会話をする。
- 書き方に困っている場合は，口頭で説明するのではなく，書き方の例を書いて示す。
- 日記が書けたときには，その場で褒める。

(5) まとめ

本指導の対象児は，日常の出来事を言葉にして相手に伝えることが難しい，作文が難しいという主訴であった。国語科スクリーニングテストを行った結果，聞き取りや書字に時間がかかり，誤字や漢字の書き間違いも多く，文を考えて書く必要のある課題は白紙解答であった。これらの困難さの背景には，AD／HDの特性も考えられたが，文字の想起や書字，構文能力に著しい困難さが推察された。一方で順序位置に困難さが見られなかったため，文章を読んで理解することにはつまずきが少ないと推察された。

指導では，日常の出来事を話題として取り上げ，相手に伝える課題を行った。問いかけることで，内容を掘り下げて答えることができるようになった。また，例文と短冊を使い，会話の内容を文として書く課題を行った。例文と短冊で文の構成がわかると，短冊に書きたい内容を書き進め，文として並べ替えることができるようになった。問いかけや例文の手がかりを提示することで，文の構成を理解し活用できることが示唆された。

3 小学校6年 漢字の細部まで認識することが難しく、漢字を正しく書くことを苦手とした児童の指導事例

………富永大悟

　漢字の細部をとらえることが難しい小学校高学年の児童に対し、二つの絵の違い探しと、漢字の語呂合わせになぞり書きを併用した漢字学習の指導を組み合わせて行った事例を紹介する。

(1) 対象児童とその様子

　対象児は、通常学級に在籍する小学6年生の男子。漢字を覚えることが苦手であり、手本を見ながらでも、書き写すことに困難を示した。形の細部まで意識的に注意を向けることが苦手であり、形を細部まで正確に覚えることが難しい様子であった。
　保護者の主訴は、集中力がなく、与えられた課題を行わず遊んでしまう。漢字を覚えることが難しく、同じ漢字の書き取りを繰り返すと、途中から徐々に線が増減するなど字形が変わってしまう。
　担任の主訴は、学習でわかることには意欲的に取り組む。思考を要する学習は避ける。横で指示をし続けると、次々と課題をこなすことができるが、一人では集中力が途切れる。

(2) 国語科スクリーニングテスト、認知検査等の結果

　本児の国語能力と認知特性、言語能力を評価するために、国語科スクリーニングテストに加えて、個別式知能検査、読み書き検査を実施した。

❶ 国語科スクリーニングテスト

　テストの解答の様子と総合評価：聴写では、助詞の誤りがあり、規定時間で書き終えることができなかった。視写では、平仮名の抜け落ちや漢字の画の抜け落ちが見られ、規定時間で書き終えることができなかった。文構成では、語句の抜け落ちや主語述語の並びを理解していない誤答であった。作文では、平仮名が多く、一文を長く続けて書いていた。スクリーニングテストでの総合評価は、つまずきの疑いであった（図3-3-1）。
　問題別プロフィールの評価：つまずきありと判断された項目は、視写と文構成であった。
　認知特性別プロフィールの評価：つまずきありと判断された項目は、視覚文字、運動書字、統語理解であった。疑いありと判断された項目は、聴覚音韻、言葉知識、音と文字、単語理解であった。

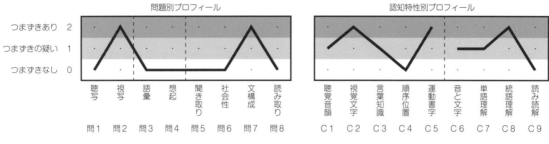

図3-3-1　国語科スクリーニングテスト（小国C）の分析結果

❷ WISC-IV 知能検査

　全検査IQ 81，言語理解指標 88，知覚推理指標 87，ワーキングメモリー指標 76，処理速度指標 86。ワーキングメモリー指標は，言語理解指標と知覚推理指標に対し有意に低かった。また，知覚推理指標の補助検査では見落としによる誤答が多く見られた。

　WISC-IVからわかる本児の特性は，言語の概念形成や言葉を用いた思考や推論，非言語情報を用いた思考や推論に比べ，聞き取った情報を一時的に記憶に留めておくこと，その留めている情報を頭の中で操作することが苦手である。図形や刺激の知覚，分析，統合といった視覚的な能力を詳しく分析すると，同年齢の児童に比べて弱さが認められた。

❸ 小学生の読み書きスクリーニング検査（STRAW）

　5年生用と6年生用の漢字の読み課題と書き課題を行った。読み課題の正答は5年生用が20問中17問，6年生用が全問正解であった。その一方で，書き課題の正答は5年生用が20問中3問，6年生用が20問中2問であった。書き課題で見られた誤答は，「平和」を「平話」と回答するなど同音漢字の誤り，線の過不足，異なった偏や旁の組合せによる誤りであった。本児の状態は，学年相応の漢字を読むことができるが，文字形態の認識の弱さから漢字の読みに頼った誤想起であると推察された。このことが，読み課題と書き課題の結果が乖離した理由であると判断した。

❹ 実態把握の結果から，推測されるつまずきの要因

　本スクリーニングテストの誤答は，聴写や視写に時間を要し，漢字の書き誤りが見られた。文構成は，語句の不足，統語の理解不足であった。また，知能検査の結果は，視知覚やワーキングメモリーの弱さが見られた。さらに読み書き検査では，漢字は読むことができるが，漢字を覚えて正しく書くことに難しさが見られた。

　本児のつまずきは，視覚認知の弱さにより漢字を細部までとらえることの難しさ，ワーキングメモリーの弱さにより漢字を記憶することや想起することの難しさにあると考えられた。特に，音を手がかりに漢字を想起していると推察された。

(3) 指導の様子

　本児への指導は，1回1時間，合計10回の個別指導を行った。1回の指導の中では，二つの絵の違い探し課題，漢字学習課題（語呂合わせ作成，なぞり書き，書き取り）を実施した。

❶ 指導目標・方針
　・漢字を言葉で唱えて覚え，正しく書くことができる。

　国語科スクリーニングテスト，読み書き検査の結果から，本児の漢字を覚える難しさの背景には，漢字の形を見て細部まで正確にとらえることの弱さ，形を形として記憶しておくことの弱さがあると推察された。その一方で漢字を読むことができることから，ぼやけたまとまりとして字形を見ていると考え，漢字に意味づけを行い，それを手がかりに細部まで正確に漢字を覚えて書くための指導を行った。

❷ 指導課題
　・二つの絵の違い探し課題
　・語呂合わせを使った漢字を言葉で覚える課題
　・語呂合わせを唱えながら，なぞり書き・書き取りを行う課題

❸ 指導の手立て・教材
　・二つの絵の違い（以下，モチーフ）を探し，見つけ出させる。提示した絵には，片方の絵にのみモチーフが描かれているもの，同じ位置のモチーフが異なるもの，同じモチーフだが向きや大きさが異なるものがあった。これらの3種類の組み合わせによって構成された絵を用いた。
　・漢字を偏と旁など，固まりのある部分に分けて，本児自身の言葉で語呂合わせを作成させる。漢字を語呂合わせにして言葉による記憶をうながす。
　・語呂合わせを唱えながら，大きさが異なるなぞり書きを行う。
　・語呂合わせを唱えながら，熟語の書き取りを行う。

❹ 指導経過
　二つの絵の違い探しでは，類似した二つの絵を比較し，数カ所のモチーフの違いを見つけさせた。2回目の指導は，本棚の前で本を読んでいる子の絵で，片方の絵にのみモチーフが描かれたものが8カ所にあった。一定方向に探すのではなく，目についたモチーフからたどる様子であり，違いを見つけ出すのに時間を長く要した。同じ形のモチーフが並んでいるのに，片方だけ見つけて印をつけたが，もう一方は見落とした。本児に質問すると，「気づかなかった。」と答えた。

指導が進むにつれて，絵の違いを早く見つけ出すことができるようになった。6回目の指導は，童話の一場面を題材にした絵で，同じ位置のモチーフが異なるもの，同じモチーフだが向きや大きさが異なるものが混在したもの（10カ所）であった。モチーフの向きの違いを検出できずに，「尖ったところが，ここと違う。」と答え，細部の違いを注目して答えた。9回目の指導は，1問目に，砂漠のオアシスの絵で，これまでの2倍の大きさのもの（8カ所）を提示した。ヒントを聞くことなく全てを見つけ出した。2問目に，子どもが外で遊んでいる絵で，これまでどおりの大きさのもの（8カ所）を提示した。絵の上部右端から探し始め，左端まで行くと右に向けて探索を続け，下方を右端から左に向けて見つけ出した。本児自身で1カ所を見つけることができなかったが，残りは短時間で見つけ出した。

漢字指導では，漢字を語呂合わせにして覚える課題を行った。本児自身の言葉で語呂合わせを作成させた（図3-3-2）。例えば，「筋」を「竹に月の光が当たると力になって筋肉」と語呂を考えた。

指導漢字の語呂合わせは，声に出して唱えた後にサイズの異なるなぞり書きを数回行うことで字形を確認させた。次に，指導漢字を含む熟語のなぞり書き，書き取りを行った。このときも語呂合わせを声に出して唱えた後に書くようにうながした（図3-3-3）。

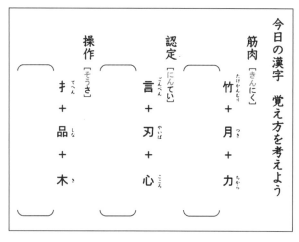

図3-3-2　語呂合わせ作成プリント

指導最後に，指導した17語の漢字の定着を確認した。本児は，17語中15語を正しく書くことができていた。誤答を見ると，1回しか指導できなかった漢字，形が類似しているような漢字での誤答が見られた。一方で，指導した漢字のほとんどを正しく書くことができていた。

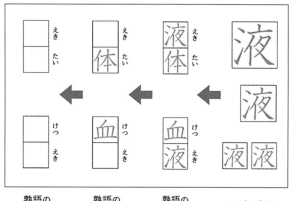

図3-3-3　なぞり書き，書き取り課題の提示の流れ

❺ **学習指導案**

3回目以降の指導案を提示する。二つの絵の違い探しを行うことで，絵の全体から細部，細部から全体へと着目点を切り替えさせる練習を行う。その後，漢字の細部

にも注意を払うようにうながしながら，漢字を覚えて書かせる指導を行った。

課題名	新しい漢字から3文字を覚えて書こう	
目標	・二つの絵から違いを見つけることができる。 ・漢字のパーツを使い，語呂合わせをつくることができる。 ・画が抜けないように，なぞり書くことができる。 ・熟語を覚えることができる。	
	学習活動	指導上の配慮
	①二つの絵から違いを探し見つけ出す。	・絵は細部まで見えるような大きさ，見やすい色にする。 ・エリアに分けて，ヒントを与える。 ・途中で止めさせず，全て見つけさせる。
	②新しい指導漢字と漢字を構成しているパーツを確認する。 ③指導漢字を見て，語呂合わせをつくる。 ④語呂合わせを読み上げて，覚えやすいか確認する。	・提示する文字が細部まで見やすいような大きさにするなどの配慮をする。 ・語呂合わせの作成に悩んだときは，一部を例示し，続きを考えさせる。 ・語呂合わせが長い文になりそうなときは，短い文になるようにうながす。
	⑤語呂合わせを唱え，漢字の細部に注意しながら，なぞり書きを行う。 ⑥語呂合わせを唱え，漢字の細部に注意しながら，熟語のなぞり書きを行う。 ⑦語呂合わせを声を出さずに唱え，漢字の細部を語呂合わせで思い出し，熟語を書き取る。	・用いた熟語は本児が意味を理解しているものを選ぶ。 ・語呂合わせを思い出させて，漢字の線の増減や突き出しがないことに注意を払うようにうながす。
評価	・ヒントを聞かずに，二つの絵から違いを全て探し出すことができる。 ・語呂合わせを考えることができる。 ・一画も飛ばさずに，なぞり書くことができる。 ・語呂合わせを唱え，漢字のパーツを思い出し，正しく書くことができる。	

❻ 指導の効果

　二つの絵の違い探し課題と漢字学習の両方を並行して指導することで，漢字の細部に注目し，形を覚えて保持することがスムーズになった。また，漢字を語呂合わせにして覚えることで，形の覚えにくさを言葉で補うことができるようになった。

(4) 教室での指導支援・家庭での配慮

　新出漢字を語呂合わせで考えることで，漢字を覚えやすくする。家庭で懸賞付きの二つの絵の間違い探しを活用し，モチベーションを保ちながら見る練習をさせる。細部に注意を払う練習を積むことで漢字の細部にも注意が向くようになり，既習漢字の字形を正確に覚え直すことができることが期待される。

❶ 教室での支援・配慮
・新出漢字を見て，パーツに分解させる。
・書き順に沿ってパーツを並べ，語呂合わせを考えさせる。
・考えた語呂合わせを唱えた後に，指でなぞって形を確認させる。
・単語帳のカードの表に新出漢字，裏につくった語呂合わせを書かせる。
・カードをめくり読ませることで，記憶の定着を図る。

❷ 家庭での支援
・二つの絵の違い探しのあるパズル雑誌などから，本児に問題を選択させる。
・異なった箇所を見つけられず困っているときは，どの部分（エリア）に残っているかヒントを与える。
・全て答えを見つけられた問題は，懸賞葉書を書いて，投函させる。

(5) まとめ

　本指導の対象児は，漢字の書き取りで細部の画の間違いや，同音異義語を誤って想起していた。国語科スクリーニングテストを含む複数の検査を行った結果，学年相応の漢字を読むことができる一方で，視写や書き取りに困難を示し，文字の細部までを認識することが難しく，記憶の弱さにより正しく漢字を覚えていないことが要因であると推察された。
　指導では，二つの絵の違い探し，語呂合わせとなぞり書きによる漢字学習を組み合わせて行った。細部への注意を向けることは，漢字の学習のみならず，図表を理解するなどの教科学習の多くの場面で必要となる。教科学習から離れ，絵の違い探しを課題に取り入れたことが，本児のモチベーションを保ちながら，細部へ意識的に注意を向ける方略を形成するのに有効なことが示唆された。

　詳しく知りたい方は，以下の実践論文を参照してください。
富永大悟・武藏博文『漢字の形態分析に弱さが見られる児童への漢字の個別指導―意識的に形態の細部へ注意を向ける課題を合わせた指導―』香川大学教育実践総合研究，第33号93-104頁，2016年．

4 中学校2年　平仮名や漢字の読みに問題を抱えているため，読み書きが苦手な生徒の指導事例

……… 大西小百合

　文章を読んだり，筋道立てて文章を書いたりすることが難しい中学生の生徒に対し，国語の授業の中で，思考ツールを利用した説明的文章の読みの指導を行った事例を紹介する。

(1) 対象生徒とその様子

　対象生徒は，通常学級に在籍する中学2年生の男子。中学校入学時は，平仮名を読み間違えることもあり，文章をすらすら音読したり，長い文章を書いたりすることには困難さが見られた。学習意欲はあり，授業中の対話はできる。文字の間違いや文章にねじれは見られるが，考えたことを短い言葉で書くことはできる。

(2) 国語科スクリーニングテストの結果

　テストの受験状態：落ち着いた態度で，時間いっぱい取り組んでいた。書かれた文字は小さく，誤書字がいくつか見られた。
　スクリーニングテストの結果：得点プロフィールによる評価で，つまずきありと判断された項目は視覚文字，音と文字，統語理解であった。疑いありと判断された項目は，運動書字，読み読解であった。聴覚音韻，単語理解は優位であった。
　本生徒は，視覚文字のつまずきが原因で，読み書きが困難であること，また，情報を整理し，筋道立てて考えたり，書いたりすることが苦手なのは，音と文字，統語理解につまずきが見られるためであることが推察された。一方，聴覚音韻，単語理解は問題がなく，他者との対話は比較的得意なことが予想された。

(3) 授業の実際

　本生徒への指導は，通常学級での授業の中で行った。聴覚音韻，単語理解の得意を活かし，4人組の対話やパネルディスカッションを取り入れ，情報を聴覚から入力できるように工夫した。また，統語理解の苦手を補うため，ベン図を用いて二つを比較しやすくした。

❶ 学習目標
　「モアイは語る――地球の未来」（光村図書）を読んで，筆者の論証の仕方に納得するか否かを判断し，批評文として書くことができる。

❷ **単元構成（全6時間）と学習課題**

時間	◆学習内容と 学習課題（中心の問い）
1	◆本文を通読し，おおまかな内容を知り，筆者の論に対する自分の考えをもつ。 　　　筆者の論証の仕方に納得するか
2	◆序論・本論・結論の文章構成を理解する。 ◆四つの論証を比較しながら，根拠として説得力の強いものや弱いものを文末表現などから判断する。 　　　四つの論証の中で一番説得力のあるものはどれか
3	◆筆者の論証の，根拠・主張・理由づけを明らかにし，構造を理解する。 　　　四つの論証の中で一番重要なものはどれか
4	◆「イースター島にはなぜ森林がないのか」（東京書籍　小六）を読み，「モアイは語る」と比較して「モアイは語る」の根拠の妥当性など気づいたことを交流し，自己の認識を深める。 　　「モアイは語る」「イースター島にはなぜ森林がないのか」の共通点・相違点は何か
5	◆イースター島と地球を類比して自分の主張を述べるという筆者の論証について類似性だけでなく差異性にも注目しながら，根拠を明確にして自分の考えを述べることができる。
6 ＋ 家庭 学習	イースター島と地球を類比して論じることは適切か ◆項目を立ててこの文章に対する批評文を書くことで，学びの意味づけを行ったり，価値を実感したりする。 　　　筆者の論証の仕方に納得するか

❸ **指導の手立て・教材**

・本題材の文章と同じテーマで書かれた小学校の教科書教材と比較させることで，本題材では取り上げていない事実の存在を確認させる。
・自分の読みの変容をメタ認知させるために，一枚ポートフォリオに，毎時間自分の学びの振り返りを書き，更新させる。
・地球とイースター島を類比して論じることの妥当性を考えさせるために，ベン図を作成する。
・ベン図やポートフォリオ等をもとに，4人組，全体で交流を行う。
・全体交流では，パネルディスカッションを行い，対話活動のメタ認知化を図る。

❹ **指導経過**

　視覚文字につまずきがあるため，ノートやポートフォリオ，ベン図等に誤書字や文のねじれ

が見られたが，おおまかな内容は伝わるので本指導から除外した。

文章を初読しての感想では，(筆者の論証の仕方に)「納得する」とだけ書き，その理由や根拠は書いていなかった。文章を理解してその考えに至ったかどうかはその一文からは判断できない。授業を重ねていく中で，その1時間の課題についての自分の考えは，短い文ではあるが，徐々に理由づけを伴って書けるようになった。4人組で対話したり，全体発表での級友の発言を聞いたりする中で，文章を理解し自分の考えを構築することができたと考えられる。

4人組で対話しているクラスの様子

❺ 学習指導案

5時間目の指導案を提示する。

① **目標**
- イースター島と地球を類比して自分の主張を述べるという筆者の論証について，類似性だけでなく差異性にも注目しながら，根拠を明確にして自分の考えを述べることができる。
- 他者の意見等から得た新たな気づきを，自己の解釈に生かし自分の読みを深めることができる。

② **指導の手立て**
- 対話を生まれやすくするために，異質な考えの者どうしが語り合えるような小集団を編成する。
- 支援ツールとして，ベン図や一枚ポートフォリオ等で「見える化」し，それを媒介にして語らせる。
- 全体交流では，パネルディスカッションを行い，対話活動のメタ認知化を図る。

③ **学習指導過程**

学習内容及び学習活動	指導上の留意点（○全体　●本生徒）
1　本時の課題を確認する。	○前時までの意見を把握し，異なる意見の者どうしが交流できるように，班編制をする。 ●本生徒が比較的話しやすいメンバーで編成する。
	イースター島と地球を類比して論じることは適切か

2 イースター島と地球の共通点と相違点について自分の意見を交流する。（4人組）（全体）	●「聴覚音韻」「単語理解」の得意を活かし，4人組で共通点・相違点を対話させる。 ○友人の意見で納得したものはベン図に書き込ませる。 ●ベン図を見せ合いながら交流することで，「視覚文字」のつまずきを聴覚で補わせる。
3 イースター島と地球を類比して論じることの妥当性について自分の意見を交流する。（4人組）（全体）（パネルディスカッション）	○「論証に関わる重要な点について類似しているか」「論証に関わる重要な相違点はないか」「当然述べられるべきことがきちんと述べられているか」という条件をもとに類比の妥当性を話し合わせる。 ●「適切である」「適切でない」のどの立場の意見が述べられているかわかりやすいように，パネルディスカッションで全体交流を行う。 ○「食料生産に関して革命的な技術革新がないかぎり」というのは，反証であることを押さえる。 ○食料不足になる原因を，イースター島と地球を図示し，共通理解を図る。
4 ラットについて記述する必要があるかどうか考え，意見を交流する。（4人組）（パネルディスカッション）	○もしラットが森林破壊の重要な原因なら，筆者の論証では，「当然述べるべき事柄」も値するかどうかについて考えさせる。
5 本時の振り返りを記述する。（4人組）（全体）	○自分の考えの変容を一枚ポートフォリオに記述させ，4人組や全体で交流させる。

④ 評価
- イースター島と地球を類比して自分の主張を述べるという筆者の論証について，差異性にも注目して自分の考えを書くことができたか。
- 班での話し合いや全体交流で出た意見と自分の気づきを結びつけて振り返ることができたか。

❻ 指導の効果

　書くことが苦手な本生徒が，単元の最後の批評文では，ノート1ページにわたり自分の意見を書くことができた。批評文では「論証の仕方について納得できない所がある」として，その理由について，「この本は森を崩壊したのが人だけみたいにかいているが，本当は，ラットもすこしは森の崩壊にかんけいしているから，ラットのことを書くべきだと思うので」と書いて

いる。ラットに関する情報は、本文ではなく補助資料として渡した別の文章にある。その情報と、筆者の主張とその論証、そして類比の妥当性を測る三つのポイントのうちの一つ（「当然述べられるべきことがきちんと述べられているか」）とを関係づけて考えることができたことが、批評文から推察できる。ラットの記述に関することは、本時の授業の全体交流の中で話題に上り、4人組で話し合った事柄である。本生徒のベン図を見ると、書き込んだ量は他の生徒に比べ圧倒的に少ないが、相違点として「ラットの敵あり」「ラットの敵なし」と書き込んでいることから、全体交流での他の生徒の発言や4人組の対話が本生徒の読みや思考を助けたと考えられる。また、本時の学習課題のイースター島と地球を類比して論じることについては、「イースター島と地球は人口爆発という共通点がある。しかし、ラットの敵がいないこと、国土面積の大きさとゆう相違点もある。この中で重要なのは人口爆発とゆう部分である」と記述している。文章としてのわかりにくさはあるが、類比の妥当性を判断するポイントの一つ「論証に関わる重要な点について類似しているか」という観点で考え、重要な「人口爆発」が共通しているので、類比は妥当だと結論づけたと思われる。

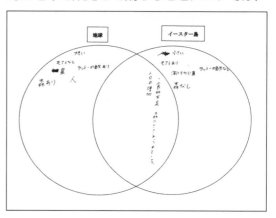

本生徒の書いたベン図

【本生徒が書いた批評文】

> 「モアイは語る―地球の未来」の論証の仕方について僕は、納得できない所があります。その理由は、この本は森を崩壊したのが人だけみたいにかいているが、本当は、ラットもすこしは森の崩壊にかんけいしているから、ラットのことを書くべきだと思うので納得できない所があります。
>
> 1　本論の四つの論証について
>   ○最も説得力があるのは、しかし最近になって、それは西方から島伝いにやって来たポルネシア人であることが判明した。とゆうところで理由はポルネシア人であることが判明したのところで判明したと書いているからです。
>   ○最も重要な論証は千体以上のモアイの臣像を作り続けた文明は十七世紀後半から十八世紀前半に崩壊したと推定されている、とゆう所です。その理由は、モアイを作った文明は崩壊していてこの本と深い、かかわりがあると思います。
> 2　イースター島と地球を類比して論じることについて
>   イースター島と地球は人口爆発という共通点がある。しかし、ラットの敵がいないこと国土面積の大きさとゆう相違点もある。この中で重要なのは人口爆発とゆう部分である。

> 3　題名について
>   主張と題名は合っているか。
> これに対して納得できた。その理由として次のようなものがあげられた。
> 20段落「イースター島では森林資源が枯渇し、島の住民が飢餓に直面したとき、どこからも食料を運んでくることができなかった。地球も同じである」とかいているので主張と題名は合っていると思います。
> 二　筆者の主張について
> 筆者の主張について僕は、納得できる。その理由は著書(ママ)がいいたいことはモアイをつくった文明のように地球も崩壊してしまう。とゆう(ママ)ことだと思います。ぼくは、モアイを作った文明のように地球も崩壊してしまうと思うので納得できると思いました。
> 三　自分の読みの変容・深まり
>   ぼくは最初、この説明をよんだとき、ぼくは、モアイは語る——地球の未来にまったくきょうみがありませんでした。しかし学習が進みにつれてモアイは語る——地球の未来にきょうみがわいてきました。(ママ)　（略）
>   （下線部―筆者）

　以上のことから、聴覚的な優位さを活かした授業構成により、文章を理解し、情報を統合することがスムーズになった。また、視覚文字のつまずきも対話による聴覚的支援で補えており、自分でベン図に書き加えることもできた。ベン図が対話のツールとしてだけでなく、内容整理を助けるツールとしても有効にはたらいていた。

(4) まとめ

　入学当初、平仮名ばかりの2、3行の文章を書くのが精一杯だった本生徒が、ノート1ページ以上の批評文を書くことができたのは、聴覚音韻、単語理解の得意を活かした対話的な活動によって、自己の読みを深めることができたからだと考える。その際、短い言葉で記述できる思考ツール（ベン図）が、思考を整理するだけでなく、対話の際のツールとしても機能し、長い文章を書くのが苦手な本生徒には有効な支援となった。これは、本生徒に限ったことでなく、他の生徒にも有効な支援であった。また、教員がとりたてて漢字指導や誤字のチェックを行ったわけではないのに、批評文では、漢字を用いた誤字の少ない文章を書くことができた。また、本生徒は、単元の振り返りの中で次のように述べている。「ぼくは最初、この説明をよんだとき、ぼくは、モアイは語る——地球の未来にまったくきょうみがありませんでした。しかし学習が進みにつれてモアイは語る——地球の未来にきょうみがわいてきました。」
　まだまだ文章として未熟ではあるが、このような支援を続けていけば、主体的に国語を学んでいくようになり、国語の力も伸びていくだろうと十分期待できる。

第4章 実物資料：小・中学校の国語科スクリーニングテスト

1 小国A（小学校1・2年生用）のスクリーニングテスト

(1) 小国A（小学校1・2年生用）実施マニュアル

【実施にあたって】
○ 全て監督者の指示のうえで実施してください。
○ 原則として，児童の質問には答えないようにしてください。
○ 各問題は，決められた制限時間内で実施してください。
○ テスト終了後は，問題用紙を閉じさせ，速やかに回収してください。
○ 採点は，「正答及び判断基準」を参照してください。

【実施前の指示】
《用紙を配る前に》
「今からテストを配りますが，先生が指示するまで，用紙を開いてはいけません。声に出して問題を読んだり，答えを言ったりしてはいけません。」
《用紙を配った後》
「用紙の1ページ目に学校名，学年，組，出席番号，名前を書きましょう。書いたら鉛筆を置きましょう。」
「注意と書いてあるところを見てください。先生が読みますので，よく聞いてください。」
「1　問題は説明にしたがってやりましょう。」
「2　問題は決められた時間内でやりましょう。」
「3　答えは鉛筆で濃く書きましょう。」

【テスト開始】
「それでは，テストを始めます。1枚めくりましょう。」

問題1

「今から，言う言葉を聞き取って，次の□（シカク）に平仮名で書きましょう。問題は2回読みます。それでは，鉛筆を持ちましょう。」（問題文の2回目は2秒間あけて読む）
「1番　がっこう」（2秒）「がっこう」（15秒間あける）
「2番　おおきい」（2秒）「おおきい」（15秒間あける）
「3番　きゅうきゅうしゃ」（2秒）「きゅうきゅうしゃ」（15秒間あける）
「4番　すべりだい」（2秒）「すべりだい」（15秒間あける）
「おわり」
「鉛筆を置きましょう。1枚めくりましょう。」

問題2　制限時間　3分

「次の文をそのまま書き写しましょう。時間内にすべてやりましょう。」
「それでは，鉛筆を持ちましょう。時間は，3分です。」
「問題はじめ」（3分間あける）
「おわり」
「鉛筆を置きましょう。1枚めくりましょう。」

問題3　制限時間　2分

「絵に合う言葉を○（マル）で囲みましょう。まず，例を見てください。この絵は，ねこですね。下に書かれている4つの言葉の中から，ねこを選んで○（マル）で囲んでいます。このように絵と言葉を合わせましょう。1番から6番まで順番にやりましょう。」
「それでは，鉛筆を持ちましょう。時間は，2分です。」
「問題はじめ」（2分間あける）
「おわり」
「鉛筆を置きましょう。1枚めくりましょう。」

問題4　制限時間　1分

「次の文を読んで，（　）に当てはまる言葉を，あとの3つの中から○（マル）で囲みましょう。時間内にすべてやりましょう。」
「それでは，鉛筆を持ちましょう。時間は，1分です。」
「問題はじめ」（1分間あける）
「おわり」
「鉛筆を置きましょう。1枚めくりましょう。」

問題5　制限時間　2分

「次の平仮名を並べ替えてできる言葉を書きましょう。時間内にすべてやりましょう。」
「それでは，鉛筆を持ちましょう。時間は，2分です。」
「問題はじめ」（2分間あける）
「おわり」
「鉛筆を置きましょう。1枚めくりましょう。」

問題6

「絵を見てください。動物園の様子が描かれています。今から言う問題を聞いて，当てはまるものにしるしをつけましょう。問題は1回しか言いませんので，よく聞きましょう。それでは，鉛筆を持ちましょう。」
「1番　トラのおりの前にいる風船を持った女の子に　○（マル）をつけましょう。」（15秒間あける）
「2番　キリンを見ている帽子をかぶった男の子に　△（サンカク）をつけましょう。」（15秒間あける）
「3番　ウサギにえさをあげている女の子に　×（バツ）をつけましょう。」（15秒間あける）
「以上です。鉛筆を置きましょう。1枚めくりましょう。」

問題7　制限時間　3分

「次の質問に答えましょう。時間内にすべてやりましょう。」
「それでは，鉛筆を持ちましょう。時間は3分です。」
「問題はじめ」（3分間あける）
「おわり」
「鉛筆を置きましょう。1枚めくりましょう。」

| 問題 8 | 制限時間　5分 |

「次の文に続くように，自由に作文しましょう。」
「それでは，鉛筆を持ちましょう。時間は，5分です。」
「はじめ」（5分間あける）
「おわり」
「鉛筆を置きましょう。」

「これでテストは終わりです。問題を閉じ，表紙を表にして机の上に置いてください。先生が集めるまで静かに待ちましょう。」

(2) 小国A（小学校1・2年生用）正答及び判断基準

※正答が一つのとき，二つ以上答えている場合は誤りとみなす。

問題番号		正　答	判断基準等
問題1	①	がっこう	☆正しく聞き取って，正しく表記しているか。 ○漢字表記は不可 ○枠から極端にはみ出しているものは不可
	②	おおきい	
	③	きゅうきゅうしゃ	
	④	すべりだい	
問題2	①	こたつでねこがねころぶ	☆読み取った文字を正しく表記しているか。 ○枠から極端にはみ出しているものは不可
	②	あさあさがおがさいたよ	
	③	じょうずにしょうじをはる	
問題3	①	ほたる	☆正しい表記を選んでいるか。 ○どの言葉を選んだかが分かれば，言葉全体を囲んでいなくても可
	②	ちょうちょ	
	③	やわらかい	
	④	てっぽう	
	⑤	どうろ	
	⑥	しょうぼうしゃ	
問題4	①	にこにこ	☆文意に合った言葉を選んでいるか。 ○どの言葉を選んだかが分かれば，言葉全体を囲んでいなくても可 ○（　）に言葉を書いても可
	②	ぽかん	
	③	つむ	
問題5	①	はがき	☆文字を正しく並べ替えて，意味のある単語をつくっているか。 ○字形の間違いは不可 ○枠から極端にはみ出しているものは不可
	②	ふでばこ	
	③	なわとび	
	④	くつした	
問題6	①	トラのおりの前にいる風船を持った女の子　○	☆指示されたとおりの印をつけているか。 ○どの人物を選んだかが分かれば，印の大きさ，位置は問わない。
	②	キリンを見ている帽子をかぶった男の子　△	
	③	ウサギにえさをあげている女の子　×	
問題7	①	例）えんぴつをわすれたのでかしてね。	☆場に応じた適切な言葉を使っているか。 ①「貸してほしい」という意図が伝わる内容であること ②謝罪する気持ちが伝わる内容であること
	②	例）かりたえんぴつをなくしたの。ごめんなさい。	
問題8		例）きのうともだちと，こうえんでブランコにのってあそびました。さむかったけれども，とてもたのしかったです。	☆個別プロフィールでの採点問題 ○スクリーニングでは，採点に含めない。他の問題の結果と合わせて，判断の参考にする。 ○スクリーニングで「つまずきの疑い・つまずきあり」の場合は，個別プロフィールによる分析を行う。別記の評価基準に従い点数化する。⇒「作文の評価基準」；格助詞の使用，句読点の使用，述部の明確さ，仮名の書き間違い，漢字の使用，字の大きさ・間隔，文章量と段落，内容の適切さ。

(3) 小国A（小学校1・2年生用）作文の評価基準

「作文」評価基準（小国A，1・2年生）

☆8項目（格助詞の使用，句読点の使用，述部の明確さ，仮名の書き間違い，漢字の使用，字の大きさ・間隔，文章量と段落，内容の適切さ）を各0.5点で，4点満点で得点化する。

		1年生			2年生		
		全体	男子	女子	全体	男子	女子
1	格助詞の使用；数 ・助詞「は」「が」「を」「の」「に」「へ」「と」「から」等を使う。明らかな誤用を除いて，数をカウントする。 ・名詞・体言に付いて意味関係・格を表す格助詞・並立助詞の数。 ・副助詞，活用語に付く接続助詞，意味を添える係助詞，文や句の末尾に付く終助詞等は含めない。	2つ以上	2つ以上	3つ以上	5つ以上	4つ以上	5つ以上
2	句読点の使用；数 ・句読点「。」「、」を使う。明らかな誤用を除いて，数をカウントする。 ・読点を多用する場合がある。ここでは問題とせず，カウントする。	3つ以上	3つ以上	3つ以上	4つ以上	3つ以上	5つ以上
3	述部の明確さ；数 ・「です・ます」調，「だ・ある」調を使う（〜しょう，〜せん，〜ください，〜思う等を含む）。明らかな誤表記を除いて，数をカウントする。 ・「〜だよ」「〜だね」などの会話口調でも，述部としてはっきりしていればカウントする。体言止めはカウントしない。	2つ以上	2つ以上	3つ以上	3つ以上	3つ以上	3つ以上
4	仮名の書き間違い；数 ・仮名の表記の書き間違いや脱字。特殊音節や送り仮名の表記の書き間違い。表記の書き間違いの数をカウントする。 ・「けど（けれど）」の表現は可とする。	1つ以下	2つ以下	0こ以下	0こ以下	0こ以下	0こ以下
5	漢字の使用；数 ・適切な漢字を使う。誤字を除き，判読可能な漢字をカウントする。 ・漢字単語・熟語，同じ漢字の繰り返しも，1字ごとにカウントする。	0字以上	0字以上	0字以上	2字以上	1字以上	2字以上
6	字の大きさ・間隔；1行の字数 ・2行目の字数をカウントする。句読点もカウントする。 ・1行目のみの場合は，1行目の字数をカウントする。 ・改行などで2行目のカウントが難しい場合は，前後の行の字数とする。	9字以上	9字以上	9字以上	9字以上	8字以上	10字以上
7	文章量と段落；全体の行数。行内に収めて書く。 ・行からのはみ出し，行飛ばしがあるものは不可とする。 ・2行目から書き始めている場合は，2行目からの行数をカウントする。 ・1行に1・2字の場合は，行としてカウントしない。	4行以上	4行以上	5行以上	6行以上	6行以上	6行以上
8	内容の適切さ ・友だちについて書かれている，前向きに書かれている，一般的常識にかなっている，内容にねじれがない，友だちとの関係に言及しているなどを基準とする。	適○	適○	適○	適○	適○	適○

(4) 小国A（小学校1・2年生用）つまずき段階換算表

つまずき段階換算表（小国A，1年生）

			全体			男子			女子		
			つまずき なし；0	つまずきの 疑い；1	つまずき あり；2	つまずき なし；0	つまずきの 疑い；1	つまずき あり；2	つまずき なし；0	つまずきの 疑い；1	つまずき あり；2
	スクリーニング 正答数合計		25－18	17－15	14－0	25－18	17－15	14－0	25－19	18－16	15－0
も1	聴写	4問	4－3	2	1－0	4－3	2	1－0	4－3	－	2－0
も2	視写	3問	3－1	－	0	3－1	－	0	3－1	－	0
も3	表記	6問	6－4	3	2－0	6－4	3	2－0	6－4	3	2－0
も4	語彙	3問	3	2	1－0	3－2	－	1－0	3	2	1－0
も5	想起	4問	4	3	2－0	4－3	－	2－0	4	－	3－0
も6	聞き取り	3問	3	2	1－0	3	2	1－0	3	2	1－0
も7	社会性	2問	2	1	0	2	1	0	2	1	0
C1	聴覚音韻	10点	10－7.5	7－6.5	6－0	10－7.5	7－6.5	6－0	10－8	7.5－7	6.5－0
C2	視覚文字	6点	6－3.0	2.5－1.5	1－0	6－3	2.5－1.5	1－0	6－3	2.5－1.5	1－0
C3	言葉知識	16点	16－12.5	12－10	9.5－0	16－12	11.5－10	9.5－0	16－13	12.5－11.5	11－0
C4	運動書字	11点	11－7	6.5－5	4.5－0	11－6	5.5－4.5	4－0	11－7	6.5－6	5.5－0
C5	音と文字	10点	10－6	5.5－4	3.5－0	10－5.5	5－3.5	3－0	10－6.5	6－4.5	4－0
C6	単語理解	7点	7－6	5	4－0	7－6	5	4－0	7	6	5－0
C7	文と読取	9点	9－7	6.5－6	5.5－0	9－7	6.5－6	5.5－0	9－7.5	7－6.5	6－0

つまずき段階換算表（小国A，2年生）

			全体			男子			女子		
			つまずき なし；0	つまずきの 疑い；1	つまずき あり；2	つまずき なし；0	つまずきの 疑い；1	つまずき あり；2	つまずき なし；0	つまずきの 疑い；1	つまずき あり；2
	スクリーニング 正答数合計		25－22	21－20	19－0	25－21	20－19	18－0	25－22	21－20	19－0
も1	聴写	4問	4	3	2－0	4－3	－	2－0	4	3	2－0
も2	視写	3問	3－2	－	1－0	3－2	－	1－0	3	2	1－0
も3	表記	6問	6－5	－	4－0	6－5	4	3－0	6	5	4－0
も4	語彙	3問	3	2	1－0	3	2	1－0	3	－	2－0
も5	想起	4問	4	3	2－0	4	3	2－0	4	3	2－0
も6	聞き取り	3問	3	－	2－0	3	－	2－0	3	－	2－0
も7	社会性	2問	2	－	1－0	2	－	1－0	2	1	0
C1	聴覚音韻	10点	10－9	8.5－7.5	7－0	10－8.5	8－7	6.5－0	10－9.5	9－8.5	8－0
C2	視覚文字	6点	6－5	4.5－4	3.5－0	6－5	4.5－4	3.5－0	6－5.5	5－4.5	4－0
C3	言葉知識	16点	16－13.5	13－11.5	11－0	16－12.5	12－11	10.5－0	16－14	13.5－13	12.5－0
C4	運動書字	11点	11－8.5	8－7	6.5－0	11－8	7.5－6.5	6－0	11－9.5	9	8.5－0
C5	音と文字	10点	10－8.5	8－7.5	7－0	10－8	7.5－7	6.5－0	10－9	8.5	8－0
C6	単語理解	7点	7	6	5－0	7－6	5	4－0	7	6	5－0
C7	文と読取	9点	9－7	6.5－6	5.5－0	9－6.5	6－5	4.5－0	9－7.5	7－6.5	6－0

国語科スクリーニングテスト評価表　小国Ａ

学級名：
実施日：

No.	名前	も1 聴写 ①②③④	も2 視写 ①②③	も3 表記 ①②③④⑤⑥	も4 語彙 ①②③	も5 想起 ①②③④	も6 聞き取り ①②③	も7 社会性 ①②	正答数合計 ／25	備考　1：疑い（　　以下）　2：あり（　　以下）
1										1　2
2										1　2
3										1　2
4										1　2
5										1　2
6										1　2
7										1　2
8										1　2
9										1　2
10										1　2
11										1　2
12										1　2
13										1　2
14										1　2
15										1　2
16										1　2
17										1　2
18										1　2
19										1　2
20										1　2
21										1　2
22										1　2
23										1　2
24										1　2
25										1　2
26										1　2
27										1　2
28										1　2
29										1　2
30										1　2
31										1　2
32										1　2
33										1　2
34										1　2
35										1　2
36										1　2
37										1　2
38										1　2
39										1　2
40										1　2

国語科スクリーニングテスト個別プロフィール表　小国A

名前：	性別：	学年：	実施日：

a)：各問題の正答数を記入する。も8「作文」は採点基準に従って評定する。
b)：認知特性ごとに正答数（白抜き）を記入する。認知特性の合計得点を出す。（＊印は，0.5点刻み）
c)：該当学年の換算表を使って，正答数から，問題別の評価ランクを記入する。（も3「表記」はそのままの得点で）
d)：該当学年の換算表を使って，合計得点から，認知特性別の評価ランクを記入する。
e)：評価ランクをもとに，つまずき段階を個別プロフィール表に記入する。

			も1 聴写 ①②③④	も2 視写 ①②③	も3 表記 ①②③④⑤⑥	も4 語彙 ①②③	も5 想起 ①②③④	も6 聞き取り ①②③	も7 社会性 ①②	も8 作文 4点満点	b)合計得点⇓	d)認知特性別評価ランク
	a)正答数⇒				/2							
C1	聴覚音韻＊	も1＋も3/2＋も6		■		■	■		■	■		1，2
C2	視覚文字＊	も2＋も3/2	■			■	■	■	■	■		1，2
C3	言葉知識＊	も3/2＋も4＋も5＋も7＋も8	■	■				■				1，2
C4	運動書字＊	も1＋も2＋も8			■	■	■	■	■			1，2
C5	音と文字＊	も1＋も2＋も3/2				■	■	■	■	■		1，2
C6	単語理解	も4＋も5	■	■	■			■	■	■		1，2
C7	文と読取＊	も6＋も7＋も8	■	■	■	■	■					1，2
	c)問題別評価ランク		1，2	1，2	1，2	1，2	1，2	1，2	1，2			

⇐　⇧
1：つまずきの疑い
2：つまずきあり

〇個別プロフィール表　⇐ e)つまずき段階を記入

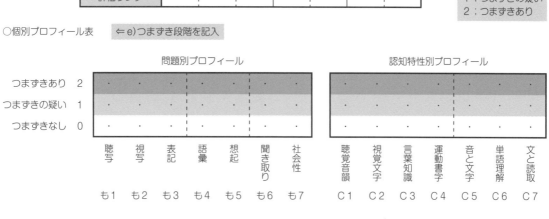

問題別プロフィール　　　　　認知特性別プロフィール

つまずきあり　2
つまずきの疑い　1
つまずきなし　0

聴写　視写　表記　語彙　想起　聞き取り　社会性
も1　も2　も3　も4　も5　も6　も7

聴覚音韻　視覚文字　言葉知識　運動書字　音と文字　単語理解　文と読取
C1　C2　C3　C4　C5　C6　C7

小国Aテスト問題

国語科スクリーニングテスト

小国A

[小国A]

ばん	くみ	ねん	てんすう
なまえ			

こくご

ちゅうい

1 もんだいは せんせいが いうとおりに やりましょう。

2 もんだいは きめられた じかんないに やりましょう。

3 こたえは えんぴつで かきましょう。

もんだい1

えんぴつが ぜんぶで　なんぼん
あるか すうじで ［　　　］に ひらがなで　かきましょう。

①

②

③

④

もんだい2

つぎの ぶんを せいかい よみましょう。

①

| ぶ | い | ね | い | が | い | ね | で | つ | た | に |

②

| よ | だ | い | な | さ | が | お | が | あ | さ | あ |

③

| る | は | な | じ | う | よ | し | に | す | う | よ | じ |

もんだい3

えにあうことばを 〇でかこみましょう。　[小国A]

例い
ねい
ねこ
(ねい)
ねい

①
ほたる
はだる
ほだる
ほたろ

④
とほう
とぼう
とほう
とぼう

②
ちょうちょう
ちゅうちょう
ちょうちょう
ちょうちょう

⑤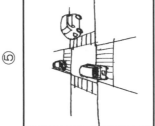
おうだん
おうだん
おうだん
おだん

③
こがな
こだら
こだら
こがら

⑥
しょうぼうしゃ
しゅうぼうしゃ
しょうぼうしゃ
しょぼうしゃ

もんだい4

[小国A]

つぎの ぶんの（　）に あてはまる ことばを あとの 三つの なかから 〇で かこみましょう。

① おかあさんが（　　）わらっています。

　【ぶんぶん・にこにこ・とんとん】

② ごはんを（　　）と たべて います。

　【ぱくり・ぺたり・こくり】

③ ともだちの はなを （　　）。

　【かむ・かぐ・きる】

もんだい5

かきじゅんに きをつけて ひらがなを ならべかえて できる ことばを かきましょう。

① き　が　は

② て　ぶ　り　は

③ わ　と　び　な

④ て　た　し　く

せんだいし

もんだい

つぎの しつもんに こたえましょう。

① あなたは えんぴつが すきですか。すきな りゆうや すきな ところを かいて あなたは なんと いいますか。そのときの あなたの きもちも かきましょう。

② もし かりた えんぴつを なくしてしまったら あなたは なんと いいますか。

[小国A]

もんだい⑧
　つぎの　ぶんに　てんを　つけて　かきなおしましょう。

　　きのう　さむかったので

2 小国B（小学校3・4年生用）のスクリーニングテスト

(1) 小国B（小学校3・4年生用）実施マニュアル

> 【実施にあたって】
> ○ 全て監督者の指示のうえで実施してください。
> ○ 原則として，児童の質問には答えないようにしてください。
> ○ 各問題は，決められた制限時間内で実施してください。
> ○ テスト終了後は，問題用紙を閉じさせ，速やかに回収してください。
> ○ 採点は，「正答及び判断基準」を参照してください。

【実施前の指示】
《用紙を配る前に》
「今からテストを配りますが，先生が指示するまで，用紙を開いてはいけません。声に出して問題を読んだり，答えを言ったりしてはいけません。」
《用紙を配った後》
「用紙の1ページ目に学校名，学年，組，出席番号，名前を書きましょう。書いたら鉛筆を置きましょう。」
「注意と書いてあるところを見てください。先生が読みますので，よく聞いてください。」
「1　問題は説明にしたがってやりましょう。」
「2　問題は決められた時間内でやりましょう。」
「3　答えは鉛筆で濃く書きましょう。」

【テスト開始】
「それでは，テストを始めます。1枚めくりましょう。」

問題1
「今から，読む文を聞き取って，次の□（シカク）にすべて平仮名で書きましょう。問題は2回読みます。それでは，鉛筆を持ちましょう。」（問題文の2回目は2秒間あけて読む）
「1番　じゃがいもと　とうもろこしをかう。」（2秒）「じゃがいもと　とうもろこしをかう。」（20秒間あける）
「2番　じょうずに　しょうじをはりましょう。」（2秒）「じょうずに　しょうじをはりましょう。」（20秒間あける）
「3番　きっと　きってをはっているだろう。」（2秒）「きっと　きってをはっているだろう。」（20秒間あける）
「4番　かおをあらって　くちをゆすぐ。」（2秒）「かおをあらって　くちをゆすぐ。」（20秒間あける）
「鉛筆を置きましょう。1枚めくりましょう。」

問題2　制限時間　3分

「次の文をそのまま書き写しましょう。点や丸（句読点）も書きましょう。時間内にすべてやりましょう。」
「それでは，鉛筆を持ちましょう。時間は，3分です。」
「問題はじめ」（3分間あける）
「おわり」
「鉛筆を置きましょう。1枚めくりましょう。」

問題3　制限時間　2分

「絵に合う言葉を○（マル）で囲みましょう。まず，例を見てください。この絵は，トラックですね。下に書かれている4つの言葉の中から，トラックを選んで○（マル）で囲んでいます。このように絵と言葉を合わせましょう。1番から6番まで順番にやりましょう。」
「それでは，鉛筆を持ちましょう。時間は，2分です。」
「問題はじめ」（2分間あける）
「おわり」
「鉛筆を置きましょう。1枚めくりましょう。」

問題4　制限時間　1分

「次の文を読んで，（　）に当てはまる言葉を，あとの4つの中から選んで○（マル）で囲みましょう。時間内にすべてやりましょう。」
「それでは，鉛筆を持ちましょう。時間は，1分です。」
「問題はじめ」（1分間あける）
「おわり」
「鉛筆を置きましょう。1枚めくりましょう。」

問題5　制限時間　1分30秒

「次の平仮名を並べ替えて，できる言葉を書きましょう。時間内にすべてやりましょう。」
「それでは，鉛筆を持ちましょう。時間は，1分30秒です。」
「問題はじめ」（1分30秒間あける）
「おわり」
「鉛筆を置きましょう。1枚めくりましょう。」

問題6

「絵を見てください。誕生会の様子が描かれています。問題を聞いて当てはまるものにしるしをつけましょう。問題は1回しか言いませんので，よく聞きましょう。それでは，鉛筆を持ちましょう。」
「1番　男の子の後ろの箱に　○（マル）をつけましょう。」（15秒間あける）
「2番　女の子の右手側にあるカップに　△（サンカク）をつけましょう。」（15秒間あける）
「3番　棚の上から2番目にある犬のぬいぐるみに　×（バツ）をつけましょう。」（15秒間あける）
「以上です。鉛筆を置きましょう。1枚めくりましょう。」

問題7　制限時間　3分

「次の質問に答えましょう。時間内にすべてやりましょう。」
「それでは，鉛筆を持ちましょう。時間は，3分です。」
「問題はじめ」（3分間あける）
「おわり」
「鉛筆を置きましょう。1枚めくりましょう。」

問題8　制限時間　3分

「次の言葉を並べ替えて，文を作りましょう。時間内にすべてやりましょう。」
「それでは，鉛筆を持ちましょう。時間は，3分です。」
「問題はじめ」（3分間あける）
「おわり」
「鉛筆を置きましょう。1枚めくりましょう。」

問題9　制限時間　2分30秒

「次の文章を読んで，（　）の中に当てはまる言葉を入れましょう。時間内にすべてやりましょう。」
「それでは，鉛筆を持ちましょう。時間は，2分30秒です。」
「問題はじめ」（2分30秒間あける）
「おわり」
「鉛筆を置きましょう。1枚めくりましょう。」

問題10　制限時間　1分

「次のページの文章の中から，3文字以上の名詞を見つけて，○（マル）で囲みましょう。その前に，まず左の例を見てください。こいぬ，うんどうじょう，おやいぬというように，3文字以上の名詞が○（マル）で囲まれていますね。」（5秒間あける）

「このように，文の中から3文字以上の名詞を見つけて，○（マル）で囲みましょう。では，まず練習問題をしてみましょう。鉛筆を持ちましょう。時間は20秒です。問題はじめ。」（20秒間あける）

「おわり。鉛筆を置きましょう。できましたか？　答えは，わたし，まいにち，しんぶんです。あさは，名詞ですが，2文字なので違いますね。この要領でやってください。」

「それでは，本番です。問題はじめと言ったら，1枚めくり，始めてください。それでは，鉛筆を持ちましょう。時間は1分です。」
「問題はじめ」（1分間あける）
「おわり」
「鉛筆を置きましょう。1枚めくりましょう。」

問題11　制限時間　5分

「友だちについて自由に書きましょう。」
「それでは，鉛筆を持ちましょう。時間は，5分です。」
「はじめ」（5分間あける）
「おわり」
「鉛筆を置きましょう。」

「これでテストは終わりです。問題を閉じ，表紙を表にして机の上に置いてください。先生が集めるまで静かに待ちましょう。」

(2) 小国B（小学校3・4年生用）正答及び判断基準

※正答が一つのとき，二つ以上答えている場合は誤りとみなす。

問題番号		正　答	判断基準等
問題1	①	じゃがいもとうもろこしをかう。	☆正しく聞き取って，正しく表記しているか。 ○漢字表記は不可 ○枠から極端にはみ出しているものは不可 ○句読点はあってもなくても可
	②	じょうずにしょうじをはりましょう。	
	③	きっときってをはっているだろう。	
	④	かおをあらってくちをゆすぐ。	
問題2	①	大きな声で校歌を歌いましょう。	☆読み取った文字を正しく表記しているか。 ○はね・はらいの有無，画の長短等は，読める程度のものは可 ○枠から極端にはみ出しているものは不可
	②	兄弟そろって、遠くの公園に出かける。	
	③	牛に草を食べさせたのは、午前中のことだ。	
問題3	①	しょっかく	☆正しい表記を選んでいるか。 ○どの言葉を選んだかが分かれば，言葉全体を囲んでいなくても可
	②	パイナップル	
	③	ふくらませる	
	④	しょうたいじょう	
	⑤	チンパンジーとキツツキ	
	⑥	ペットボトルロケット	
問題4	①	かじる	☆文意に合った言葉を選んでいるか。 ○どの言葉を選んだかが分かれば，言葉全体を囲んでいなくても可 ○（　）に言葉を書いても可
	②	つめたく	
	③	ぬるぬる	
問題5	①	とびら	☆文字を正しく並べ替えて，意味のある単語をつくっているか。 ○字形の間違いは不可 ○枠から極端にはみ出しているものは不可
	②	くちぶえ	
	③	しまうま	
	④	ふうけい	
問題6	①	男の子の後ろの箱　○	☆指示されたとおりの印をつけているか。 ○何を選んだかが分かれば，印の大きさ，位置は問わない。
	②	女の子の右手側にあるカップ　△	
	③	棚の上から2番目にある犬のぬいぐるみ　×	
問題7	①	例）おしかったね。次がんばろう。	☆場に応じた適切な言葉を使っているか。 ①②ともに相手を気遣う内容であること
	②	例）いいよ。気にしなくて。	
問題8	①	例）学校から帰ったらすぐに宿題をしよう。	☆文節，連文節を正しく並べ替えて意味の通る文に組み直しているか。 ○誤字は不可 ○枠から極端にはみ出しているものは不可 ○句読点はあってもなくても可 ○修飾・被修飾の関係等が正しければ倒置的表現も可
	②	例）きのうのひる休みに一輪車の練習をした。	
	③	例）ランドセルから教科書を出して机の上に置いた。	
問題9	①	花屋	☆説明された情景・状態を正確に読み取っているか。 ①「（お店は）一つ」も可　②「君」がなくても可
	②	けんご君	
問題10		☆個別プロフィールでの採点問題 ○スクリーニングでは，採点に含めない。スクリーニングで「つまずきの疑い・つまずきあり」の場合は，個別プロフィールによる分析を行う。別記の評価基準に従い点数化する。⇒「語の識別の評価基準」	
問題11		☆個別プロフィールでの採点問題 ○スクリーニングでは，採点に含めない。スクリーニングで「つまずきの疑い・つまずきあり」の場合は，個別プロフィールによる分析を行う。別記の判断基準に従い点数化する。⇒「作文の評価基準」	

(3) 小国B（小学校3・4年生用）語の識別・作文の評価基準

「語の識別」評価基準（小国B，3・4年生）

☆3文字以上の名詞を見つけているか。正答数に応じて，3点満点で得点化する。
・ゆうひ，やまでら，まちじゅう，わたりどり，みなみ，たんぼ，おうごん，かりとり，ことし，たいふう，てんこう，しんまい，かてい，しょくたく，ごはん（以上15）

	3年生												4年生											
	全体				男子				女子				全体				男子				女子			
得点	0	1	2	3	0	1	2	3	0	1	2	3	0	1	2	3	0	1	2	3	0	1	2	3
正答数	0	1	2,3	4−	0	1	2,3	4−	0	1	2,3	4−	0	1	2−4	5−	0	1	2,3	4−	0	1,2	3,4	5−

「作文」評価基準（小国B，3・4年生）

☆8項目（格助詞の使用，句読点の使用，述部の明確さ，仮名の書き間違い，漢字の使用，字の大きさ・間隔，文章量と段落，内容の適切さ）を各0.5点で，4点満点で得点化する。

		3年生			4年生		
		全体	男子	女子	全体	男子	女子
1	格助詞の使用；数 ・助詞「は」「が」「を」「の」「に」「へ」「と」「から」等を使う。明らかな誤用を除いて，数をカウントする。 ・名詞・体言に付いて意味関係・格を表す格助詞・並立助詞の数。 ・副詞，活用語に付く接続助詞，意味を添える係助詞，文や句の末尾に付く終助詞等は含めない。	8つ以上	6つ以上	10こ以上	10こ以上	10こ以上	10こ以上
2	句読点の使用；数 ・句読点「。」「、」を使う。明らかな誤用を除いて，数をカウントする。 ・読点を多用する場合がある。ここでは問題とせず，カウントする。	5つ以上	4つ以上	6つ以上	7つ以上	6つ以上	9つ以上
3	述部の明確さ；数 ・「です・ます」調，「だ・ある」調を使う（〜しょう，〜せん，〜ください，〜思う等を含む）。明らかな誤表記を除いて，数をカウントする。 ・「〜だよ」「〜だね」などの会話口調でも，述部としてはっきりしていればカウントする。体言止めはカウントしない。	3つ以上	3つ以上	4つ以上	4つ以上	3つ以上	4つ以上
4	仮名の書き間違い；数 ・仮名の表記の書き間違いや脱字。特殊音節や送り仮名の表記の書き間違い。表記の書き間違いの数をカウントする。 ・「けど（けれど）」の表現は可とする。	1つ以下	1つ以下	1つ以下	1つ以下	1つ以下	0こ以下
5	漢字の使用；数 ・適切な漢字を使う。誤字を除き，判読可能な漢字をカウントする。 ・漢字単語・熟語，同じ漢字の繰り返しも，1字ごとにカウントする。	3字以上	2字以上	6字以上	10字以上	8字以上	13字以上
6	字の大きさ・間隔；1行の字数 ・2行目の字数をカウントする。句読点もカウントする。 ・1行目のみの場合は，1行目の字数をカウントする。 ・改行などで2行目のカウントが難しい場合は，前後の行の字数とする。	12字以上	12字以上	13字以上	13字以上	13字以上	15字以上
7	文章量と段落；全体の行数。行内に収めて書く。 ・行からのはみ出し，行飛ばしがあるものは不可とする。 ・2行目から書き始めている場合は，2行目からの行数をカウントする。 ・1行に1，2字の場合は，行としてカウントしない。	7行以上	6行以上	8行以上	8行以上	7行以上	10行以上
8	内容の適切さ ・友だちについて書かれている，前向きに書かれている，一般的常識にかなっている，内容にねじれがない，友だちとの関係に言及しているなどを基準とする。	適○	適○	適○	適○	適○	適○

(4) 小国B（小学校3・4年生用）つまずき段階換算表

つまずき段階換算表（小国B，3年生）

			全体			男子			女子		
			つまずきなし；0	つまずきの疑い；1	つまずきあり；2	つまずきなし；0	つまずきの疑い；1	つまずきあり；2	つまずきなし；0	つまずきの疑い；1	つまずきあり；2
	スクリーニング正答数合計		30−24	23−21	20−0	30−23	22−20	19−0	30−25	24−23	22−0
も1	聴写	4問	4−3	−	2−0	4−3	2	1−0	4	3	2−0
も2	視写	3問	3	2	1−0	3−2	−	1−0	3	2	1−0
も3	表記	6問	6−5	−	4−0	6−5	4	3−0	6	5	4−0
も4	語彙	3問	3	−	2−0	3	2	1−0	3	−	2−0
も5	想起	4問	4−3	−	2−0	4−3	−	2−0	4	3	2−0
も6	聞き取り	3問	3−2	−	1−0	3−2	1	0	3−2	−	1−0
も7	社会性	2問	2	1	0	2	1	0	2	1	0
も8	文構成	3問	3−2	−	1−0	3−2	1	0	3	2	1−0
も9	読み取り	2問	2−1	−	0	2−1	−	0	2	1	0
C1	聴覚音韻	10点	10−8	7.5−6.5	6−0	10−8	7.5−6	5.5−0	10−9	8.5−6.5	6−0
C2	視覚文字	9点	9−7	6.5−5.5	5−0	9−7	6.5−5.5	5−0	9−7	6.5−5.5	5−0
C3	言葉知識	19点	19−15.5	15−13.5	13−0	19−15	14.5−12.5	12−0	19−16	15.5−14.5	14−0
C4	順序位置	5点	5−4	3−2	1−0	5−3	2	1−0	5−4	3−2	1−0
C5	運動書字	14点	14−11	10.5−9	8.5−0	14−10	9.5−8.5	8−0	14−11.5	11−10	9.5−0
C6	音と文字	10点	10−8.5	8−7	6.5−0	10−8.5	8−6.5	6−0	10−9	8.5−7	6.5−0
C7	単語理解	10点	10−8	7−6	5−0	10−8	7−5	4−0	10−8	7	6−0
C8	統語理解	10点	10−7.5	7−5.5	5−0	10−7	6.5−5	4.5−0	10−8	7.5−6.5	6−0
C9	読み読解	4点	4−3	2	1−0	4−3	2	1−0	4−3	2	1−0

つまずき段階換算表（小国B，4年生）

			全体			男子			女子		
			つまずきなし；0	つまずきの疑い；1	つまずきあり；2	つまずきなし；0	つまずきの疑い；1	つまずきあり；2	つまずきなし；0	つまずきの疑い；1	つまずきあり；2
	スクリーニング正答数合計		30−26	25−24	23−0	30−25	24−22	21−0	30−27	26−25	24−0
も1	聴写	4問	4	3	2−0	4	3	2−0	4	3	2−0
も2	視写	3問	3	2	1−0	3−2	−	1−0	3	2	1−0
も3	表記	6問	6	5	4−0	6	5	4−0	6	−	5−0
も4	語彙	3問	3	−	2−0	3	−	2−0	3	−	2−0
も5	想起	4問	4	3	2−0	4	3	2−0	4	−	3−0
も6	聞き取り	3問	3−2	−	1−0	3−2	−	1−0	3	2	1−0
も7	社会性	2問	2	−	1−0	2	1	0	2	−	1−0
も8	文構成	3問	3	2	1−0	3−2	−	1−0	3	2	1−0
も9	読み取り	2問	2	1	0	2−1	−	0	2	1	0
C1	聴覚音韻	10点	10−9	8.5−8	7.5−0	10−9	8.5−8	7.5−0	10−9	8.5	8−0
C2	視覚文字	9点	9−7	6.5−5.5	5−0	9−6.5	6−5.5	5−0	9−7	6.5−6	5.5−0
C3	言葉知識	19点	19−16	15.5−14	13.5−0	19−15	14.5−13	12.5−0	19−16.5	16−15.5	15−0
C4	順序位置	5点	5−4	3	2−0	5−4	3	2−0	5−4	3	2−0
C5	運動書字	14点	14−11.5	11−10.5	10−0	14−11	10.5−9.5	9−0	14−12	11.5−11	10.5−0
C6	音と文字	10点	10−9	8.5−7.5	7−0	10−8.5	8−7.5	7−0	10−9	8.5−8	7.5−0
C7	単語理解	10点	10−9	8−7	6−0	10−8	7	6−0	10−9	8	7−0
C8	統語理解	10点	10−7.5	7−6.5	6−0	10−7.5	7−6	5.5−0	10−8	7.5	7−0
C9	読み読解	4点	4−3	2	1−0	4−3	2	1−0	4−3	2	1−0

国語科スクリーニングテスト評価表　小国B

学級名：
実施日：

No.	名前	も1 聴写 ①②③④	も2 視写 ①②③	も3 表記 ①②③④⑤⑥	も4 語彙 ①②③	も5 想起 ①②③④	も6 聞き取り ①②③	も7 社会性 ①②	も8 文構成 ①②③	も9 読み取り ①②	正答数合計／30	備考 1：疑い（　　以下） 2：あり（　　以下）
1												1　2
2												1　2
3												1　2
4												1　2
5												1　2
6												1　2
7												1　2
8												1　2
9												1　2
10												1　2
11												1　2
12												1　2
13												1　2
14												1　2
15												1　2
16												1　2
17												1　2
18												1　2
19												1　2
20												1　2
21												1　2
22												1　2
23												1　2
24												1　2
25												1　2
26												1　2
27												1　2
28												1　2
29												1　2
30												1　2
31												1　2
32												1　2
33												1　2
34												1　2
35												1　2
36												1　2
37												1　2
38												1　2
39												1　2
40												1　2

国語科スクリーニングテスト個別プロフィール表　小国B

名前：	性別：	学年：	実施日：

a）：各問題の正答数を記入する。も10「語の識別」，も11「作文」は採点基準に従って評定する。
b）：認知特性ごとに正答数（白抜き）を記入する。認知特性の合計得点を出す。（＊印は，0.5点刻み）
c）：該当学年の換算表を使って，正答数から，問題別の評価ランクを記入する。（も3「表記」はそのままの得点で）
d）：該当学年の換算表を使って，合計得点から，認知特性別の評価ランクを記入する。
e）：評価ランクをもとに，つまずき段階を個別プロフィール表に記入する。

		も1 聴写 ①② ③④	も2 視写 ①②③	も3 表記 ①②③ ④⑤⑥	も4 語彙 ①②③	も5 想起 ①② ③④	も6 聞き取り ①②③	も7 社会性 ①②	も8 文構成 ①②③	も9 読み取り ①②	も10 語の識別 3点満点	も11 作文 4点満点	b)合計得点 ⇩	d)認知特性別評価ランク
	a)正答数⇒			/2										
C1	聴覚音韻＊ も1+も3/2+も6	■					■							1, 2
C2	視覚文字＊ も2+も3/2+も10		■								■			1, 2
C3	言葉知識＊ も3/2+も4+も5+も7+も10+も11				■	■		■			■	■		1, 2
C4	順序位置 も6+も9						■			■				1, 2
C5	運動書字＊ も1+も2+も8+も11	■	■						■			■		1, 2
C6	音と文字＊ も1+も2+も3/2	■	■											1, 2
C7	単語理解 も4+も5+も10				■	■					■			1, 2
C8	統語理解＊ も6+も8+も11						■		■			■		1, 2
C9	読み読解 も7+も9							■		■				1, 2
	c)問題別評価ランク	1, 2	1, 2	1, 2	1, 2	1, 2	1, 2	1, 2	1, 2	1, 2				

← ⇧
1：つまずきの疑い
2：つまずきあり

○個別プロフィール表　⇐e)つまずき段階を記入

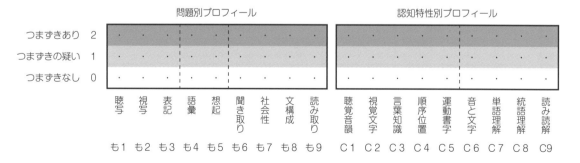

小国Bテスト問題

国語科スクリーニングテスト

小国B

[小国B]

			がっこう
ばん		くみ	ねん
なまえ			

ちゅうい

1 問題は　じゅんに　したがって　やりましょう。

2 問題は　きめられた　時間内で　やりましょう。

3 答えは　えんぴつで　書きましょう。

もんだい1

[小国B]

今から読む文を聞いて、次の □ に、すぐにひらがなで書きましょう。

①

②

③

④

もんだい2

[小国B]

次の文を、そのまま書きうつしましょう。「、」や「。」も書きましょう。

① 大きな声で校歌を歌いました。

② 兄弟そろって、遠くの公園に出かける。

③ 牛に草を食べさせたのは、午前中のことだ。

もんだい3

絵にあうことばを、○でかこみましょう。

[小国B]

例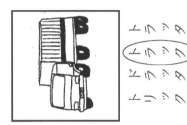

①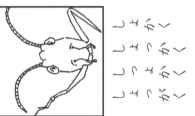

②

③

④

⑤

⑥

もんだい4

［小国B］

次の文をよんで、（　）にあてはまることばを、あとの四つの中からえらんで、○でかこみましょう。

① わたしのすきなたべものは、くだものです。くだものの中では、みかん（　　　）が一番です。

【のは・ある・がある・すう】

② 山おくから わきだしている水は、すきとおっていました。手をひたすと、つめたく（　　　）とあたまがさえるようでした。

【あつく・きらく・つめたく・しめたく】

③ 川の中に、はだしではいりました。川底の石は、（　　　）していてすべりそうでした。

【ぬるぬる・さらさら・キラキラ・サラサラ】

もんだい5

次のひらがなを並べ替えて、できることばを書きましょう。

① ら と び

② ぶ く え ち

③ ま ま し う

④ け う ふ い

おんだぃり

もんだい7

[小国B]

次の質問に、答えましょう。

① 運動会のリレーは、きんねん君が三位でゴールしました。なぜなら、そうしゃ者のじゅん君が、バトンを落としてしまったからです。あなたは、じゅん君に何と言いますか。

② あなたは、あきら君とかけっこをしていました。とちゅうであきら君は、かけっこの時間に五分おくれて「ごめん」と言いながら走ってきました。
あなたは、あきら君に、何と言いますか。

もんだい8

次のことばをならべかえて、文を作りましょう。

① 帰ったら / しよう / すぐに宿題を / から / 学校

② ひる休みに / した / 練習を / 一輪車の / きのうの

③ 出して / 教科書を / 机の上に / 置いた / ランドセルから

[小国B]

もんだい9

次の文章を読んで、（　）の中にあてはまることばを入れましょう。

① お店が並んでいます。
肉屋の右どなりは本屋、左どなりは花屋です。
花屋の左どなりはパン屋です。
パン屋と肉屋の間は（　　　　　）です。

② 登校した四人が、教室で話をしています。
ひろき君の話
「ぼくは、七時半ごろ学校に着いたよ。」
けんご君の話
「ぼくは、早く来てひろき君を待っていたよ。」
みのる君の話
「ぼくは、けんご君より早く来ていたよ。」
みさえさんの話
「私が来たときは、けんご君と　みのる君だけがいたよ。」
三番目に来たのは（　　　　　）です。

もんだい10

次のページの文章の中から、三文字以上の名詞を見つけて、○で囲みましょう。

※ 名詞とはものの名前です。いぬ、てんとうむし、おもちゃなどです。

例

いぬがてんとうむしをはっけんしました
こくおさかなかよりました

練習問題

わたしがまいにちたいいくかんであそぶおもちゃをこうえんにもっていきます

[小国B]

ながねむってさいらうゆめのあまい
きっかけにのっていまきりましたがいました
わたしたちはなかまだっていまだにみなぎり
あきらしくていのがみえましただほにはけて
だねにみのだねがおきていのをきつく
かいいっていきますをいましてはだいく
もますくないってにあげまれだだしてまし
のとかくちょってもていよくなよてすかの
もものむなでにだくらしくばんだたれるもの
うれたごしょう

[小国B]

もんだい11
「友だち」について、自由に書きましょう。

3 小国C（小学校5・6年生用）のスクリーニングテスト

(1) 小国C（小学校5・6年生用）実施マニュアル

> 【実施にあたって】
> ○ 全て監督者の指示のうえで実施してください。
> ○ 原則として，児童の質問には答えないようにしてください。
> ○ 各問題は，決められた制限時間内で実施してください。
> ○ テスト終了後は，問題用紙を閉じさせ，速やかに回収してください。
> ○ 採点は，「正答及び判断基準」を参照してください。

【実施前の指示】
《用紙を配る前に》
「今からテストを配りますが，先生が指示するまで，用紙を開いてはいけません。声に出して問題を読んだり，答えを言ったりしてはいけません。」
《用紙を配った後》
「用紙の1ページ目に学校名，学年，組，出席番号，名前を書きましょう。書いたら鉛筆を置きましょう。」
「注意と書いてあるところを見てください。先生が読みますので，よく聞いてください。」
「1 問題は説明にしたがってやりましょう。」
「2 問題は決められた時間内でやりましょう。」
「3 答えは鉛筆で濃く書きましょう。」

【テスト開始】
「それでは，テストを始めます。1枚めくりましょう。」

問題1
「今から，読む文を聞き取って，次の□（シカク）にすべて平仮名で書きましょう。問題は2回読みます。それでは，鉛筆を持ちましょう。」(問題文の2回目は2秒間あけて読む)
「1番　くしゃくしゃの　かみをとかす。」（2秒）「くしゃくしゃの　かみをとかす。」（20秒間あける）
「2番　きょうりゅうの　かせきをはっくつする。」（2秒）「きょうりゅうの　かせきをはっくつする。」（20秒間あける）
「3番　はこのなかの　こねこはかわいい。」（2秒）「はこのなかの　こねこはかわいい。」（20秒間あける）
「4番　わかくてやわらかい　しんめをつむ。」（2秒）「わかくてやわらかい　しんめをつむ。」（20秒間あける）
「鉛筆を置きましょう。1枚めくりましょう。」

| 問題2 | 制限時間　4分 |

「次の文をそのまま書き写しましょう。時間内にすべてやりましょう。」
「それでは，鉛筆を持ちましょう。時間は，4分です。」
「問題はじめ」（4分間あける）
「おわり」
「鉛筆を置きましょう。1枚めくりましょう。」

| 問題3 | 制限時間　1分30秒 |

「次の文を読んで，（　）に当てはまる適切な言葉を，あとの4つの中から選んで〇（マル）で囲みましょう。時間内にすべてやりましょう。」
「それでは，鉛筆を持ちましょう。時間は，1分30秒です。」
「問題はじめ」（1分30秒間あける）
「おわり」
「鉛筆を置きましょう。1枚めくりましょう。」

| 問題4 | 制限時間　1分30秒 |

「次の平仮名を並べ替えて，できる言葉を書きましょう。時間内にすべてやりましょう。」
「それでは，鉛筆を持ちましょう。時間は，1分30秒です。」
「問題はじめ」（1分30秒間あける）
「おわり」
「鉛筆を置きましょう。1枚めくりましょう。」

| 問題5 |

「絵を見てください。図書館の様子が描かれています。問題を聞いて当てはまるものに，しるしをつけましょう。問題は1回しか言いませんので，よく聞きましょう。それでは，鉛筆を持ちましょう。」
「1番　本の整理をしている図書館の職員に，〇（マル）をつけましょう。」（15秒間あける）
「2番　図書館での適切でない行いに迷惑だと思っている人に，△（サンカク）をつけましょう。」（15秒間あける）
「3番　資料を両側に積み上げて熱心に書き取っている人に，×（バツ）をつけましょう。」（15秒間あける）
「以上です。鉛筆を置きましょう。1枚めくりましょう。」

| 問題6 | 制限時間　3分 |

「次の質問に答えましょう。時間内にすべてやりましょう。」
「それでは，鉛筆を持ちましょう。時間は，3分です。」
「問題はじめ」（3分間あける）
「おわり」
「鉛筆を置きましょう。1枚めくりましょう。」

[問題7] 制限時間　4分
「次の言葉を並べ替えて，文を作りましょう。時間内にすべてやりましょう。」
「それでは，鉛筆を持ちましょう。時間は，4分です。」
「問題はじめ」（4分間あける）
「おわり」
「鉛筆を置きましょう。1枚めくりましょう。」

[問題8] 制限時間　3分
「次の文章を読んで，（　）の中に当てはまる言葉を入れましょう。時間内にすべてやりましょう。」
「それでは，鉛筆を持ちましょう。時間は，3分です。」
「問題はじめ」（3分間あける）
「おわり」
「鉛筆を置きましょう。1枚めくりましょう。」

[問題9] 制限時間　1分
「次のページの文章の中から，3文字以上の名詞を見つけて，〇（マル）で囲みましょう。その前に，まず左の例を見てください。こいぬ，うんどうじょう，おやいぬというように，3文字以上の名詞が〇（マル）で囲まれていますね。」（5秒間あける）
「このように，文の中から3文字以上の名詞を見つけて，〇（マル）で囲みましょう。では，まず練習問題をしてみましょう。鉛筆を持ちましょう。時間は20秒です。問題はじめ。」（20秒間あける）
「おわり。鉛筆を置きましょう。できましたか？　答えは，わたし，まいにち，しんぶんです。あさは，名詞ですが，2文字なので違いますね。この要領でやってください。」

「それでは，本番です。問題はじめと言ったら，1枚めくり，始めてください。それでは，鉛筆を持ちましょう。時間は1分です。」
「問題はじめ」（1分間あける）
「おわり」
「鉛筆を置きましょう。1枚めくりましょう。」

[問題10] 制限時間　5分
「友だちについて自由に書きましょう。7行以上書きましょう。」
「それでは，鉛筆を持ちましょう。時間は，5分です。」
「はじめ」（5分間あける）
「おわり」
「鉛筆を置きなさい。」

「以上でテストは終わりです。問題を閉じ，表紙を表にして机の上に置いてください。先生が集めるまで静かに待ちましょう。」

(2) 小国C（小学校5・6年生用）正答及び判断基準

※正答が一つのとき，二つ以上答えている場合は誤りとみなす。

問題番号		正　答	判断基準等
問題1	①	くしゃくしゃのかみをとかす。	☆正しく聞き取って，正しく表記しているか。 ○漢字表記は不可 ○枠から極端にはみ出しているものは不可 ○句読点はあってもなくても可
	②	きょうりゅうのかせきをはっくつする。	
	③	はこのなかのこねこはかわいい。	
	④	わかくてやわらかいしんめをつむ。	
問題2	①	飛行機が車輪を出して着陸した。	☆読み取った文字を正しく表記しているか。 ○はね・はらいの有無，画の長短等は，読める程度のものは可 ○枠から極端にはみ出しているものは不可
	②	選挙の車が静かな街を走りぬけていく。	
	③	課題は望遠鏡で星の観察をすることだ。	
問題3	①	見渡す	☆文意に合った言葉を選んでいるか。 ○どの言葉を選んだかが分かれば，言葉全体を囲んでいなくても可 ○（　）に言葉を書いても可
	②	すがすがしい	
	③	のどかな	
問題4	①	ろくが	☆文字を正しく並べ替えて，意味のある単語をつくっているか。 ○字形の間違いは不可 ○枠から極端にはみ出しているものは不可
	②	つうしん	
	③	かいけつ	
	④	そうぞう	
問題5	①	本の整理をしている図書館の職員　○	☆指示されたとおりの印をつけているか。 ○どの人物を選んだかが分かれば，印の大きさ，位置は問わない。
	②	図書館での適切でない行いに迷惑だと思っている人　△	
	③	資料を両側に積み上げて熱心に書き取っている人　×	
問題6	①	例）今日はどうしても見たい番組があるから遊べないんだ。ごめんね。明日なら遊べるからサッカーをしよう。	☆場に応じた適切な言葉を使っているか。 ①謝罪の言葉や代案など，相手の気持ちを思いやった言葉があること ②感謝の言葉があること
	②	例）ありがとう。うれしいわ。これがほしかったの。／本当はねこのぬいぐるみがほしかったんだけど。でもありがとう。	
問題7	①	例）電子メールと　手紙には　それぞれの　よさが　あります。	☆文節，連文節を正しく並べ替えて意味の通る文に組み直しているか。 ○誤字は不可 ○枠から極端にはみ出しているものは不可 ○句読点はあってもなくても可 ○修飾・被修飾の関係等が正しければ倒置的表現も可
	②	例）昔は　便利な道具が　なかったため　トンネルをほるのにも　時間がかかりました。	
	③	例）携帯電話は　大変便利であり　わたしたちの　生活に　欠かせない　ものです。	
問題8	①	青	☆説明された情景・状態を正確に読み取っているか。 ①「色」がついていても可 ②「点」がついていても可　②それぞれ得点として数える。
	②-1	けんご君の算数は（　50　）点	
	②-2	ひろき君の理科は（　80　）点	
問題9		☆個別プロフィールでの採点問題 ○スクリーニングでは，採点に含めない。スクリーニングで「つまずきの疑い・つまずきあり」の場合は，個別プロフィールによる分析を行う。別記の評価基準に従い点数化する。⇒「語の識別の評価基準」	
問題10		☆個別プロフィールでの採点問題 ○スクリーニングでは，採点に含めない。スクリーニングで「つまずきの疑い・つまずきあり」の場合は，個別プロフィールによる分析を行う。別記の評価基準に従い点数化する。⇒「作文の評価基準」	

(3) 小国C（小学校5・6年生用）語の識別・作文の評価基準

「語の識別」評価基準（小国C，5・6年生）

☆3文字以上の名詞を見つけているか。正答数に応じて，3点満点で得点化する。
・ゆうひ，やまでら，まちじゅう，わたりどり，みなみ，たんぼ，おうごん，かりとり，ことし，たいふう，てんこう，しんまい，かてい，しょくたく，ごはん（以上15）

	5年生												6年生												
	全体				男子				女子				全体				男子				女子			
得点	0	1	2	3	0	1	2	3	0	1	2	3	0	1	2	3	0	1	2	3	0	1	2	3
正答数	0,1	2	3-5	6-	0,1,2,3	4,5	6-	0	1,2,3,4	5-	0-2	3,4	5,6	7-	0-2	3,4	5,6	7-	0-2	3,4	5,6	7-			

「作文」評価基準（小国C，5・6年生）

☆8項目（格助詞の使用，句読点の使用，述部の明確さ，仮名の書き間違い，漢字の使用，字の大きさ・間隔，文章量と段落，内容の適切さ）を各0.5点で，4点満点で得点化する。

		5年生			6年生		
		全体	男子	女子	全体	男子	女子
1	格助詞の使用；数 ・助詞「は」「が」「を」「の」「に」「へ」「と」「から」等を使う。明らかな誤用を除いて，数をカウントする。 ・名詞・体言に付いて意味関係・格を表す格助詞・並立助詞の数。 ・副助詞，活用語に付く接続助詞，意味を添える係助詞，文や句の末尾に付く終助詞等は含めない。	10こ以上	9つ以上	11こ以上	11こ以上	12こ以上	10こ以上
2	句読点の使用；数 ・句読点「。」「、」を使う。明らかな誤用を除いて，数をカウントする。 ・読点を多用する場合がある。ここでは問題とせず，カウントする。	6つ以上	5つ以上	9つ以上	7つ以上	6つ以上	8つ以上
3	述部の明確さ；数 ・「です・ます」調，「だ・ある」調を使う（〜しょう，〜せん，〜ください，〜思う等を含む）。明らかな誤表記を除いて，数をカウントする。 ・「〜だよ」「〜だね」などの会話口調でも，述部としてはっきりしていればカウントする。体言止めはカウントしない。	4つ以上	3つ以上	4つ以上	3つ以上	3つ以上	4つ以上
4	仮名の書き間違い；数 ・仮名の表記の書き間違いや脱字。特殊音節や送り仮名の表記の書き間違い。表記の書き間違いの数をカウントする。 ・「けど（けれど）」の表現は可とする。	0こ以下	0こ以下	0こ以下	0こ以下	0こ以下	0こ以下
5	漢字の使用；数 ・適切な漢字を使う。誤字を除き，判読可能な漢字をカウントする。 ・漢字単語・熟語，同じ漢字の繰り返しも，1字ごとにカウントする。	8字以上	6字以上	10字以上	16字以上	15字以上	17字以上
6	字の大きさ・間隔；1行の字数 ・2行目の字数をカウントする。句読点もカウントする。 ・1行目のみの場合は，1行目の字数をカウントする。 ・改行などで2行目のカウントが難しい場合は，前後の行の字数とする。	12字以上	12字以上	14字以上	14字以上	13字以上	14字以上
7	文章量と段落；全体の行数。行内に収めて書く。 ・行からのはみ出し，行飛ばしがあるものは不可とする。 ・2行目から書き始めている場合は，2行目からの行数をカウントする。 ・1行に1・2字の場合は，行としてカウントしない。	8行以上	8行以上	9行以上	8行以上	8行以上	8行以上
8	内容の適切さ ・友だちについて書かれている，前向きに書かれている，一般的常識にかなっている，内容にねじれがない，友だちとの関係に言及しているなどを基準とする。	適○	適○	適○	適○	適○	適○

(4) 小国C（小学校5・6年生用）つまずき段階換算表

つまずき段階換算表（小国C，5年生）

			全体			男子			女子		
			つまずきなし；0	つまずきの疑い；1	つまずきあり；2	つまずきなし；0	つまずきの疑い；1	つまずきあり；2	つまずきなし；0	つまずきの疑い；1	つまずきあり；2
	スクリーニング正答数合計		25−17	16−14	13−0	25−18	17−15	14−0	25−17	16−13	12−0
問1	聴写	4問	4−3	−	2−0	4	3	2−0	4−3	−	2−0
問2	視写	3問	3−2	1	0	3−2	1	0	3−2	1	0
問3	語彙	3問	3−2	1	0	3−2	1	0	3−2	1	0
問4	想起	4問	4−3	−	2−0	4−3	−	2−0	4−3	−	2−0
問5	聞き取り	3問	3−2	1	0	3−2	−	1−0	3−2	1	0
問6	社会性	2問	2	1	0	2	1	0	2	1	0
問7	文構成	3問	3−2	1	0	3−2	1	0	3−2	1	0
問8	読み取り	3点	3−1	−	0	3−1	−	0	3−1	−	0
C1	聴覚音韻	7点	7−5	4	3−0	7−6	5	4−0	7−5	4−3	2−0
C2	視覚文字	6点	6−4	3−2	1−0	6−4	3	2−0	6−3	2	1−0
C3	言葉知識	16点	16−11	10.5−9	8.5−0	16−11	10.5−9.5	9−0	16−11	10.5−9	8.5−0
C4	順序位置	6点	6−3	2	1−0	6−4	3	2−0	6−3	2−1	0
C5	運動書字	14点	14−9.5	9−7.5	7−0	14−9	8.5−7.5	7−0	14−10	9.5−8.5	8−0
C6	音と文字	7点	7−5	4−3	2−0	7−5	4	3−0	7−5	4−3	2−0
C7	単語理解	10点	10−7	6−5	4−0	10−8	7	6−0	10−6	5	4−0
C8	統語理解	10点	10−6.5	6−5.5	5−0	10−6.5	6−5	4.5−0	10−7	6.5−5.5	5−0
C9	読み読解	5点	5−3	2−1	0	5−3	2	1−0	5−2	1	0

つまずき段階換算表（小国C，6年生）

			全体			男子			女子		
			つまずきなし；0	つまずきの疑い；1	つまずきあり；2	つまずきなし；0	つまずきの疑い；1	つまずきあり；2	つまずきなし；0	つまずきの疑い；1	つまずきあり；2
	スクリーニング正答数合計		25−20	19−17	16−0	25−19	18−16	15−0	25−21	20−18	17−0
問1	聴写	4問	4−3	2	1−0	4−3	2	1−0	4−3	−	2−0
問2	視写	3問	3−2	−	1−0	3−2	1	0	3	2	1−0
問3	語彙	3問	3−2	−	1−0	3−2	−	1−0	3	2	1−0
問4	想起	4問	4	3	2−0	4	3	2−0	4	−	3−0
問5	聞き取り	3問	3−2	−	1−0	3−2	−	1−0	3	2	1−0
問6	社会性	2問	2	1	0	2	1	0	2	−	1−0
問7	文構成	3問	3	2	1−0	3	2	1−0	3	2	1−0
問8	読み取り	3点	3−2	1	0	3−2	1	0	3−2	1	0
C1	聴覚音韻	7点	7−6	5−4	3−0	7−5	4	3−0	7−6	5−4	3−0
C2	視覚文字	6点	6−4	3	2−0	6−4	3	2−0	6−5	4	3−0
C3	言葉知識	16点	16−12	11.5−10	9.5−0	16−11.5	11−9.5	9−0	16−13	12.5−10.5	10−0
C4	順序位置	6点	6−4	3	2−0	6−4	3	2−0	6−4	3	2−0
C5	運動書字	14点	14−10.5	10−8.5	8−0	14−10	9.5−8	7.5−0	14−11.5	11−9.5	9−0
C6	音と文字	7点	7−6	5−4	3−0	7−5	4	3−0	7	6−5	4−0
C7	単語理解	10点	10−8	7	6−0	10−8	7−6	5−0	10−8	7	6−0
C8	統語理解	10点	10−7	6.5−6	5.5−0	10−7	6.5−5.5	5−0	10−8	7.5−7	6.5−0
C9	読み読解	5点	5−3	2	1−0	5−3	2	1−0	5−4	3−2	1−0

国語科スクリーニングテスト評価表　小国C

学級名：
実施日：

No.	名前	問1 聴写 ①②③④	問2 視写 ①②③	問3 語彙 ①②③	問4 想起 ①②③④	問5 聞き取り ①②③	問6 社会性 ①②	問7 文構成 ①②③	問8 読み取り ①②②-1 2	正答数合計 ／25	備考 1：疑い（　　以下） 2：あり（　　以下）
1											1　2
2											1　2
3											1　2
4											1　2
5											1　2
6											1　2
7											1　2
8											1　2
9											1　2
10											1　2
11											1　2
12											1　2
13											1　2
14											1　2
15											1　2
16											1　2
17											1　2
18											1　2
19											1　2
20											1　2
21											1　2
22											1　2
23											1　2
24											1　2
25											1　2
26											1　2
27											1　2
28											1　2
29											1　2
30											1　2
31											1　2
32											1　2
33											1　2
34											1　2
35											1　2
36											1　2
37											1　2
38											1　2
39											1　2
40											1　2

国語科スクリーニングテスト個別プロフィール表　小国C

名前：	性別：	学年：	実施日：

a)：各問題の正答数を記入する。問9「語の識別」，問10「作文」は採点基準に従って評定する。
b)：認知特性ごとに正答数（白抜き）を記入する。認知特性の合計得点を出す。（＊印は，0.5点刻み）
c)：該当学年の換算表を使って，正答数から，問題別の評価ランクを記入する。
d)：該当学年の換算表を使って，合計得点から，認知特性別の評価ランクを記入する。
e)：評価ランクをもとに，つまずき段階を個別プロフィール表に記入する。

		問1 聴写 ①②③④	問2 視写 ①②③	問3 語彙 ①②③	問4 想起 ①②③④	問5 聞き取り ①②③	問6 社会性 ①②	問7 文構成 ①②③	問8 読み取り ①②②-1 2	問9 語の識別 3点満点	問10 作文 4点満点	b)合計得点⇓	d)認知特性別評価ランク
	a)正答数⇒												
C1	聴覚音韻　問1＋問5												1，2
C2	視覚文字　問2＋問9												1，2
C3	言葉知識＊　問3＋問4＋問6＋問9＋問10												1，2
C4	順序位置　問5＋問8												1，2
C5	運動書字＊　問1＋問2＋問7＋問10												1，2
C6	音と文字　問1＋問2												1，2
C7	単語理解　問3＋問4＋問9												1，2
C8	統語理解＊　問5＋問7＋問10												1，2
C9	読み読解　問6＋問8												1，2
	c)問題別評価ランク	1，2	1，2	1，2	1，2	1，2	1，2	1，2	1，2				

⇐ 　⇑
1：つまずきの疑い
2：つまずきあり

○個別プロフィール表　⇐e)つまずき段階を記入

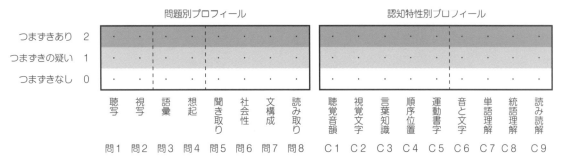

【小国Cテスト問題】

国語科スクリーニングテスト

小国C

[小国C]

小学校
年　　組　　番
氏名

国語

注意

1　問題は　説明に　したがって　やりましょう。

2　問題は　決められた　時間内で　やりましょう。

3　答えは　鉛筆で　濃く　書きましょう。

【小国C】

問題1

今から読む文を聞きとって、次の □ に、すべてひらがなで書きましょう。

① _____

② _____

③ _____

④ _____

問題2

[小国C]

次の文をそのまま書きうつしましょう。

① 飛行機が車輪を出して着陸した。

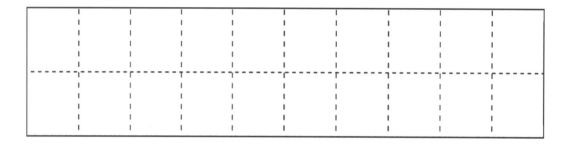

② 選挙の車が静かな街を走りぬけていく。

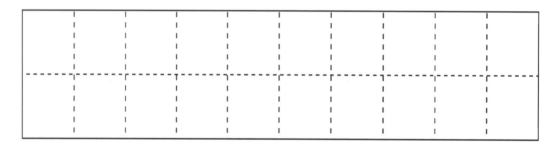

③ 課題は望遠鏡で星の観察をすることだ。

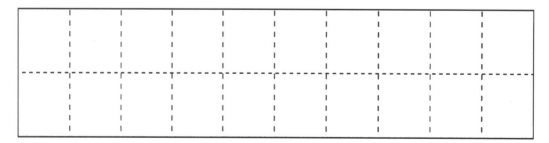

問題 3 [小国C]

次の文を読んで、（　）にあてはまることばを、あとの四つの中から選んで、○で囲みましょう。

① 私は、小高い丘に登りました。そこから（　　　）と、はるかかなたに、海がキラキラとかがやいていました。

[見渡す　　みえる
　見通す　　見ちがえる]

② 高原でむかえた朝は、ここちよい風につつまれて、とても（　　　）気持ちになりました。

[すがすがしい　　だけだけしい
　みずみずしい　　すずしい]

③ 汽車のまどからは、（　　　）田園の風景が見えます。

[おだやかな　　さびしい
　のどかな　　　きびしい]

問題4

[小国C]

次のひらがなを並び替えて、できることばを書きましょう。

① | が | ら | く |
| | | |

② | う | し | と | つ |
| | | | |

③ | つ | い | か | け |
| | | | |

④ | そ | だ | う | う |
| | | | |

問題5

問題6

次の質問に答えましょう。

① あなたは、友だちのニュウじ君に、放課後、いっしょにサッカーをしようとさそわれました。でも、あなたは、見たいテレビ番組があります。ニュウじ君にどのように言ってことわりますか。

② あなたは、誕生日を楽しみにしていました。なぜなら、両親から大好きなねこのぬいぐるみをプレゼントしてもらえると思っていたからです。ところが、誕生日の当日、プレゼントの箱を開けてみると中に入っていたのは地球儀でした。あなたなら、両親に何と言いますか。

問題7 [小国C]

次のことばをならべかえて、文を作りましょう。

① 電子メールと／よさが／あります
　それぞれの／手紙には

② 昔は／時間がかかりました／かかったため
　便利な道具が／トンネルをほるのにも

③ 携帯電話は／欠かせない／大変便利であり
　生活に／ものです／わたしたちの

問題8　[小国C]

次の文章を読んで、（　）の中にあてはまることばを入れましょう。

① 赤いボールと黄色いボールと青いボールと緑のボールを、大きい順に右から並べました。
　赤いボールと緑のボールは、となりに並びました。
　黄色いボールと緑のボールの間に、青いボールが並びます。
　赤いボールは一番左に並びます。
　右から二番目に並ぶのは（　　　）色のボールです。

② ひろき君、けんご君、みのる君が理科と算数のテストをしました。
　ひろき君は、算数のテストは百点でした。
　けんご君は、理科のテストは、ひろき君より二十点上でしたが、算数は、ひろき君の半分でした。
　みのる君は、けんご君と理科の点数が同じで百点でした。
　けんご君の算数は（　　　　　　）点。
　ひろき君の理科は（　　　　　　）点。

[小国C]

問題9

次のページの文章の中から、三文字以上の名詞を見つけて、〇で囲みましょう。

※名詞とはものの名前です。りんご、えんぴつ、おさらぬ などです。

例

〇りんご〇が〇えんぴつ〇をけしていました
たまりかきには〇めがね〇がやさしくぬいでいましたよ〇おさらぬ〇く

練習問題

わたしがまつにけいてくんはあさけらく
きたくにごはんをたべていたんだと

[小国 C]

ねがひとつゆめひとつふりつもるさねまにあまゆのこ

まつかにえまりのねがまちじゆにひびのゆらを

わたしつてしただねりがみなえましただんほに

あだしてとでしのがみえましただんほと

だねねにのだつねがおうでてみをけ

ごうごしとのうをまてまずにはだこぶ

もすくなくとてにあまれだためして

のとまはとてもりうなようですがとの

しゃくだくにおこしごはんがだやれるのもも

うすごくよう

問題10
「友だち」について、自由に書きましょう。
七行以上書きましょう。

[小国C]

4 中国（中学生用）のスクリーニングテスト

(1) 中国（中学生用）実施マニュアル

【実施にあたって】
○ 全て監督者の指示のうえで実施してください。
○ 原則として，児童の質問には答えないようにしてください。
○ 各問題は，決められた制限時間内で実施してください。
○ テスト終了後は，問題用紙を閉じさせ，速やかに回収してください。
○ 採点は，「正答及び判断基準」を参照してください。

【実施前の指示】
《用紙を配る前に》
「今からテストを配りますが，先生が指示するまで，用紙を開いてはいけません。声に出して問題を読んだり，答えを言ったりしてはいけません。」
《用紙を配った後》
「用紙の1ページ目に学校名，学年，組，出席番号，名前を書きましょう。書いたら鉛筆を置きましょう。」
「注意と書いてあるところを見てください。先生が読みますので，よく聞いてください。」
「1 問題は説明にしたがってやりましょう。」
「2 問題は決められた時間内でやりましょう。」
「3 答えは鉛筆で濃く書きましょう。」

【テスト開始】
「それでは，テストを始めます。1枚めくりなさい。」

[問題1]
「今から，読む文を聞き取って，□（シカク）にすべて平仮名で書きなさい。問題は2回読みます。それでは，鉛筆を持ちなさい。」（問題文の2回目は2秒間あけて読む）
「1番　そんなかっこうで　がっこうへいってはいけない。」（2秒）「そんなかっこうで　がっこうへいってはいけない。」（20秒間あける）
「2番　あかるいひょうじょうで　しょうじょうをもらう。」（2秒）「あかるいひょうじょうで　しょうじょうをもらう。」（20秒間あける）
「3番　せんしゅうの　しゅんきたいかいで　せんしゅがけがをした。」（2秒）「せんしゅうの　しゅんきたいかいで　せんしゅがけがをした。」（20秒間あける）
「4番　どうろがとうけつし　おおがたじどうしゃがおうてんした。」（2秒）「どうろがとうけつし　おおがたじどうしゃがおうてんした。」（20秒間あける）
「鉛筆を置きなさい。1枚めくりなさい。」

|問題2| 制限時間　4分

「次の文をそのまま書き写しなさい。時間内にすべてやりなさい。」
「それでは，鉛筆を持ちなさい。時間は，4分です。」
「問題はじめ」（4分間あける）
「おわり」
「鉛筆を置きなさい。1枚めくりなさい。」

|問題3| 制限時間　1分30秒

「次の文の（　）に当てはまる適切な言葉を，後のア～シから選んで，記号で答えなさい。時間内にすべてやりなさい。」
「それでは，鉛筆を持ちなさい。時間は，1分30秒です。」
「問題はじめ」（1分30秒間あける）
「おわり」
「鉛筆を置きなさい。1枚めくりなさい。」

|問題4| 制限時間　2分

「次の慣用句の使い方として，正しいものを一つ選び，記号に○（マル）をつけなさい。時間内にすべてやりなさい。」
「それでは，鉛筆を持ちなさい。時間は，2分です。」
「問題はじめ」（2分間あける）
「おわり」
「鉛筆を置きなさい。1枚めくりなさい。」

|問題5|

「絵を見てください。図書館の様子が描かれています。問題を聞いて当てはまるものに，しるしをつけなさい。問題は1回しか言いませんので，よく聞きなさい。それでは，鉛筆を持ちなさい。」
「1番　本の整理をしている図書館の職員に，○（マル）をつけなさい。」（15秒間あける）
「2番　図書館での適切でない行いに迷惑だと思っている人に，△（サンカク）をつけなさい。」（15秒間あける）
「3番　資料を両側に積み上げて熱心に書き取っている人に，×（バツ）をつけなさい。」（15秒間あける）
「以上です。鉛筆を置きなさい。1枚めくりなさい。」

|問題6| 制限時間　3分

「次の会話文を読み，Bさんが言っている意味を考えて，その続きの文を書きなさい。時間内にすべてやりなさい。」
「それでは，鉛筆を持ちなさい。時間は，3分です。」
「問題はじめ」（3分間あける）
「おわり」
「鉛筆を置きなさい。1枚めくりなさい。」

問題7　制限時間　5分

「次のそれぞれの□（シカク）の中の言葉を並べ替えて，意味の通じる2文を作りなさい。時間内にすべてやりなさい。」
「それでは，鉛筆を持ちなさい。時間は，5分です。」
「問題はじめ」（5分間あける）
「おわり」
「鉛筆を置きなさい。1枚めくりなさい。」

問題8　制限時間　2分30秒

「次の文章を読んで，（　）の中に当てはまる言葉を入れなさい。時間内にすべてやりなさい。」
「それでは，鉛筆を持ちなさい。時間は，2分30秒です。」
「問題はじめ」（2分30秒間あける）
「おわり」
「鉛筆を置きなさい。1枚めくりなさい。」

問題9　制限時間　1分

「次のページの文章の中から，3文字以上の名詞を見つけて，○（マル）で囲みなさい。その前に，まず左の例を見てください。こいぬ，うんどうじょう，おやいぬというように，3文字以上の名詞が○（マル）で囲まれています。」（5秒あける）
「このように，文の中から3文字以上の名詞を見つけて，○（マル）で囲みなさい。では，まず練習問題をします。鉛筆を持ちなさい。時間は20秒です。問題はじめ。」（20秒間あける）
「おわり。鉛筆を置きなさい。できましたか。答えは，わたし，まいにち，しんぶんです。あさは，名詞ですが，2文字なので違います。この要領でやってください。」

「それでは，本番です。問題はじめと言ったら，1枚めくり，始めなさい。それでは，鉛筆を持ちなさい。時間は1分です。」
「問題はじめ」（1分間あける）
「おわり」
「鉛筆を置きなさい。1枚めくりなさい。」

問題10　制限時間　5分

「友だちについて自由に書きなさい。2段落の構成で，7行以上書きなさい。」
「それでは，鉛筆を持ちなさい。時間は，5分です。」
「問題はじめ」（5分間あける）
「おわり」
「鉛筆を置きなさい。」

「以上でテストは終わりです。問題を閉じ，表紙を表にして机の上に置きなさい。先生が集めるまで静かに待ちましょう。」

(2) 中国（中学生用）正答及び判断基準

※正答が一つのとき，二つ以上答えている場合は誤りとみなす。

問題番号		正　　答	判断基準等
問題1	①	そんなかっこうでがっこうへいってはいけない。	☆正しく聞き取って，正しく表記しているか。 ○漢字表記は不可 ○枠から極端にはみ出しているものは不可 ○句読点はあってもなくても可
	②	あかるいひょうじょうでしょうじょうをもらう。	
	③	せんしゅうのしゅんきたいかいでせんしゅがけがをした。	
	④	どうろがとうけつしおおがたじどうしゃがおうてんした。	
問題2	①	地震の予知に関する研究には、複数の専門家からの意見が必要だ。	☆読み取った文字を正しく表記しているか。 ○はね・はらいの有無，画の長短等は，読める程度のものは可 ○枠から極端にはみ出しているものは不可
	②	とても寒い季節に、父の転勤でドイツへ渡ることとなった。	
	③	友達と初めての海外旅行に出かけ、そこで温かい歓迎を受けた。	
問題3	①	ケ　はかない	☆文意に合った言葉を選んでいるか。 ○言葉で書いても可
	②	サ　うらやましい	
	③	イ　ういういしい	
問題4	①	ウ	☆慣用句の意味を理解し，使い方の正しいものを選んでいるか。 ○二つ以上○をつけているものは不可
	②	ア	
	③	ウ	
	④	エ	
問題5	①	本の整理をしている図書館の職員　○	☆指示されたとおりの印をつけているか。 ○どの人物を選んだかが分かれば，印の大きさ，位置は問わない。
	②	図書館での適切でない行いに迷惑だと思っている人　△	
	③	資料を両側に積み上げて熱心に書き取っている人　×	
問題6	①	例）食べてないよ。／パンしか食べてないよ。	☆言葉の意味を理解し，場に即した返答をしているか。 ○文脈を押さえていれば可
	②	例）だからできないよ。／また今度にしよう。	
	③	例）それがとっても悪かったんだ。	
	④	例）だから行ったことがないわ。	
	⑤	例）すみません。／ありがとうございます。	
問題7	①	例）今日の波はおだやかだ。だから男は舟を出した。	☆文節，連文節を正しく並べ替えて意味の通る文に組み直しているか。 ○2文で書けていないものは不可 ○誤字は不可 ○枠から極端にはみ出しているものは不可 ○修飾・被修飾の関係等が正しければ倒置的表現も可
	②	例）待ち望んだ春がやってきた。しかし風はまだ冷たい。	
	③	例）こんなところに花が咲いている。この花の名前を調べてみよう。	
問題8	①	青	☆説明された情景・状態を正確に読み取っているか。 ①「色」がついていても可 ②「点」がついていても可　②それぞれ得点として数える。
	②-1	けんご君の算数は（　50　）点	
	②-2	ひろき君の理科は（　80　）点	
問題9		☆個人プロフィールでの採点問題 ○スクリーニングでは，採点に含めない。スクリーニングで「つまずきの疑い・つまずきあり」の場合は，個別プロフィールによる分析を行う。別記の評価基準に従い点数化する。⇒「語の識別の評価基準」	
問題10		☆個別プロフィールでの採点問題 ○スクリーニングでは，採点に含めない。スクリーニングで「つまずきの疑い・つまずきあり」の場合は，個別プロフィールによる分析を行う。別記の評価基準に従い点数化する。⇒「作文の評価基準」	

(3) 中国（中学生用）語の識別・作文の評価基準

「語の識別」評価基準（中国，1・3年生）

☆3文字以上の名詞を見つけているか。正答数から誤答数を引いた数値に応じて，3点満点で得点化する。
・ゆうひ，やまでら，まちじゅう，わたりどり，みなみ，たんぼ，おうごん，かりとり，ことし，たいふう，てんこう，しんまい，かてい，しょくたく，ごはん（以上15）

	1年生												3年生											
	全体				男子				女子				全体				男子				女子			
得点	0	1	2	3	0	1	2	3	0	1	2	3	0	1	2	3	0	1	2	3	0	1	2	3
正誤差	0	1,2	3-5	6-	0	1,2	3-5	6-	0,1	2,3	4-6	7-	0	1-4	5-9	10-	0	1-4	5-9	10-	0,1	2-4	5-9	10-

＊正答数から誤答数を引いた数値であることに注意。

「作文」評価基準（中国，1・3年生）

☆8項目（格助詞の使用，句読点の使用，述部の明確さ，仮名の書き間違い，漢字の使用，字の大きさ・間隔，文章量と段落，内容の適切さ）を各0.5点で，4点満点で得点化する。

		1年生			3年生		
		全体	男子	女子	全体	男子	女子
1	格助詞の使用；数 ・助詞「は」「が」「を」「の」「に」「へ」「と」「から」等を使う。明らかな誤用を除いて，数をカウントする。 ・名詞・体言に付いて意味関係・格を表す格助詞・並立助詞の数。 ・副助詞，活用語に付く接続助詞，意味を添える係助詞，文や句の末尾に付く終助詞等は含めない。	11こ以上	10こ以上	13こ以上	12こ以上	11こ以上	15こ以上
2	句読点の使用；数 ・句読点「。」「，」を使う。明らかな誤用を除いて，数をカウントする。 ・読点を多用する場合がある。ここでは問題とせず，カウントする。	6つ以上	5つ以上	7つ以上	6つ以上	6つ以上	7つ以上
3	述部の明確さ；数 ・「です・ます」調，「だ・ある」調を使う（〜しょう，〜せん，〜ください，〜思う等を含む）。明らかな誤表記を除いて，数をカウントする。 ・「〜だよ」「〜だね」などの会話口調でも，述部としてはっきりしていればカウントする。体言止めはカウントしない。	3つ以上	3つ以上	3つ以上	3つ以上	3つ以上	3つ以上
4	仮名の書き間違い；数 ・仮名の表記の書き間違いや脱字。特殊音節や送り仮名の表記の書き間違い。表記の書き間違いの数をカウントする。 ・「けど（けれど）」の表現は可とする。	0こ以下	0こ以下	0こ以下	0こ以下	0こ以下	0こ以下
5	漢字の使用；数 ・適切な漢字を使う。誤字を除き，判読可能な漢字をカウントする。 ・漢字単語・熟語，同じ漢字の繰り返しも，1字ごとにカウントする。	15字以上	12字以上	20字以上	18字以上	16字以上	22字以上
6	字の大きさ・間隔；1行の字数 ・2行目の字数をカウントする。句読点もカウントする。 ・1行目のみの場合は，1行目の字数をカウントする。 ・改行などで2行目のカウントが難しい場合は，前後の行の字数とする。	16字以上	15字以上	17字以上	16字以上	16字以上	19字以上
7	文章量と段落；全体の行数。行内に収めて書く。 ・行からのはみ出し，行飛ばしがあるものは不可とする。 ・2行目から書き始めている場合は，2行目からの行数をカウントする。 ・1行に1・2字の場合は，行としてカウントしない。	7行以上	7行以上	8行以上	8行以上	8行以上	7行以上
8	内容の適切さ ・友だちについて書かれている，前向きに書かれている，一般的常識にかなっている，内容にねじれがない，友だちとの関係に言及しているなどを基準とする。	適○	適○	適○	適○	適○	適○

(4) 中国（中学生用）つまずき段階換算表

つまずき段階換算表（中国，1年生）

			全体			男子			女子		
			つまずき なし；0	つまずきの 疑い；1	つまずき あり；2	つまずき なし；0	つまずきの 疑い；1	つまずき あり；2	つまずき なし；0	つまずきの 疑い；1	つまずき あり；2
	スクリーニング 正答数合計		28−18	17−13	12−0	28−17	16−13	12−0	28−18	17−14	13−0
問1	聴写	4問	4−3	2	1−0	4−2	−	1−0	4−3	2	1−0
問2	視写	3問	3−2	1	0	3−1	−	0	3−2	1	0
問3	語彙	3問	3−2	1	0	3−1	−	0	3−2	1	0
問4	想起	4問	4−2	1	0	4−2	1	0	4−2	1	0
問5	聞き取り	3問	3−2	−	1−0	3−2	−	1−0	3−2	−	1−0
問6	社会性	5問	5−4	−	3−0	5−4	3	2−0	5	4	3−0
問7	文構成	3問	3−2	1	0	3−2	1	0	3−2	−	1−0
問8	読み取り	3点	3−2	1	0	3−2	1	0	3−2	1	0
C1	聴覚音韻	7点	7−5	4−3	2−0	7−5	4−3	2−0	7−5	4	3−0
C2	視覚文字	6点	6−4	3	2−0	6−3	2	1−0	6−4	3	2−0
C3	言葉知識	19点	19−13.5	13−10.5	10−0	19−12.5	12−10	9.5−0	19−14.5	14−13	12.5−0
C4	順序位置	6点	6−4	3	2−0	6−4	3	2−0	6−4	3	2−0
C5	運動書字	14点	14−9	8.5−6.5	6−0	14−8.5	8−6	5.5−0	14−9.5	9−7.5	7−0
C6	音と文字	7点	7−4	3	2−0	7−4	3−2	1−0	7−4	3	2−0
C7	単語理解	10点	10−6	5−4	3−0	10−6	5−4	3−0	10−7	6−5	4−0
C8	統語理解	10点	10−6.5	6−5	4.5−0	10−6	5.5−4.5	4−0	10−7.5	7−6	5.5−0
C9	読み読解	8点	8−6	5	4−0	8−6	5	4−0	8−6	5	4−0

つまずき段階換算表（中国，3年生）

			全体			男子			女子		
			つまずき なし；0	つまずきの 疑い；1	つまずき あり；2	つまずき なし；0	つまずきの 疑い；1	つまずき あり；2	つまずき なし；0	つまずきの 疑い；1	つまずき あり；2
	スクリーニング 正答数合計		28−21	20−17	16−0	28−20	19−16	15−0	28−22	21−19	18−0
問1	聴写	4問	4−3	2	1−0	4−3	2	1−0	4−3	2	1−0
問2	視写	3問	3−2	1	0	3−2	1	0	3−2	1	0
問3	語彙	3問	3−2	−	1−0	3−2	1	0	3−2	−	1−0
問4	想起	4問	4−3	2	1−0	4−3	2	1−0	4−3	2	1−0
問5	聞き取り	3問	3	2	1−0	3	2	1−0	3	2	1−0
問6	社会性	5問	5−4	−	3−0	5−4	3	2−0	5	−	4−0
問7	文構成	3問	3−2	−	1−0	3−2	−	1−0	3	2	1−0
問8	読み取り	3点	3−2	1	0	3−2	1	0	3−2	1	0
C1	聴覚音韻	7点	7−6	5	4−0	7−5	−	4−0	7−6	5	4−0
C2	視覚文字	6点	6−4	3	2−0	6−4	3−2	1−0	6−4	3	2−0
C3	言葉知識	19点	19−14	13.5−12	11.5−0	19−13.5	13−11.5	11−0	19−14.5	14−12.5	12−0
C4	順序位置	6点	6−5	4	3−0	6−5	4	3−0	6−5	4	3−0
C5	運動書字	14点	14−9	8.5−7	6.5−0	14−8.5	8−6	5.5−0	14−9.5	9−8	7.5−0
C6	音と文字	7点	7−4	3	2−0	7−4	3−2	1−0	7−5	4	3−0
C7	単語理解	10点	10−7	6	5−0	10−7	6	5−0	10−7	6	5−0
C8	統語理解	10点	10−7.5	7−6.5	6−0	10−7.5	7−6	5.5−0	10−7.5	7−6.5	6−0
C9	読み読解	8点	8−6	5	4−0	8−6	5−4	3−0	8−7	6	5−0

国語科スクリーニングテスト評価表　中国

学級名：
実施日：

No.	名前	問1 聴写 ①②③④	問2 視写 ①②③	問3 語彙 ①②③	問4 想起 ①②③④	問5 聞き取り ①②③	問6 社会性 ①②③④⑤	問7 文構成 ①②③	問8 読み取り ①②-1 ②-2	正答数合計 ／28	備考 1：疑い（　以下） 2：あり（　以下）
1											1　2
2											1　2
3											1　2
4											1　2
5											1　2
6											1　2
7											1　2
8											1　2
9											1　2
10											1　2
11											1　2
12											1　2
13											1　2
14											1　2
15											1　2
16											1　2
17											1　2
18											1　2
19											1　2
20											1　2
21											1　2
22											1　2
23											1　2
24											1　2
25											1　2
26											1　2
27											1　2
28											1　2
29											1　2
30											1　2
31											1　2
32											1　2
33											1　2
34											1　2
35											1　2
36											1　2
37											1　2
38											1　2
39											1　2
40											1　2

国語科スクリーニングテスト個別プロフィール表　中国

名前：	性別：	学年：	実施日：

a)：各問題の正答数を記入する。問9「語の識別」，問10「作文」は採点基準に従って評定する。
b)：認知特性ごとに正答数（白抜き）を記入する。認知特性の合計得点を出す。（＊印は，0.5点刻み）
c)：該当学年の換算表を使って，正答数から，問題別の評価ランクを記入する。
d)：該当学年の換算表を使って，合計得点から，認知特性別の評価ランクを記入する。
e)：評価ランクをもとに，つまずき段階を個別プロフィール表に記入する。

			問1 聴写 ①②③④	問2 視写 ①②③	問3 語彙 ①②③	問4 想起 ①②③④	問5 聞き取り ①②③	問6 社会性 ①②③④⑤	問7 文構成 ①②③	問8 読み取り ①②-1 2	問9 語の識別 3点満点	問10 作文 4点満点	b)合計得点⇩	d)認知特性別評価ランク
	a)正答数⇒													
C1	聴覚音韻	問1＋問5		■	■	■		■	■	■	■	■		1，2
C2	視覚文字	問2＋問9	■		■	■	■	■	■	■		■		1，2
C3	言葉知識＊	問3＋問4＋問6＋問9＋問10	■	■			■		■	■				1，2
C4	順序位置	問5＋問8	■	■	■	■		■	■		■	■		1，2
C5	運動書字＊	問1＋問2＋問7＋問10			■	■	■	■		■	■			1，2
C6	音と文字	問1＋問2			■	■	■	■	■	■	■	■		1，2
C7	単語理解	問3＋問4＋問9	■	■			■	■	■	■		■		1，2
C8	統語理解＊	問5＋問7＋問10	■	■	■	■		■		■	■			1，2
C9	読み読解	問6＋問8	■	■	■	■	■		■		■	■		1，2
	c)問題別評価ランク		1，2	1，2	1，2	1，2	1，2	1，2	1，2	1，2			← 1：つまずきの疑い ⇧ 2：つまずきあり	

○個別プロフィール表　⇐e)つまずき段階を記入

問題別プロフィール

	聴写 問1	視写 問2	語彙 問3	想起 問4	聞き取り 問5	社会性 問6	文構成 問7	読み取り 問8
つまずきあり 2								
つまずきの疑い 1								
つまずきなし 0								

認知特性別プロフィール

	聴覚音韻 C1	視覚文字 C2	言葉知識 C3	順序位置 C4	運動書字 C5	音と文字 C6	単語理解 C7	統語理解 C8	読み読解 C9
つまずきあり 2									
つまずきの疑い 1									
つまずきなし 0									

> 中国テスト問題

国語科スクリーニングテスト

中国

中学校
年　　　組　　　番
氏　名

国語

注意

1　問題は　説明に　したがって　やりましょう。

2　問題は　決められた　時間内で　やりましょう。

3　答えは　鉛筆で　濃く　書きましょう。

［中国］

問題1

今から、読む文を聞きとって〔　　　〕にすぐて平がなで書きなさい。

① _____

② _____

③ _____

④ _____

［中国］

問題2

次の文をそのまま書き写しなさい。

① 地震の予知に関する研究には、複数の専門家からの意見が必要だ。

② とても寒い季節に、父の転勤でドイツへ渡ることとなった。

③ 友達と初めての海外旅行に出かけ、そこで温かい歓迎を受けた。

[中国]

問題3

次の文の（　）にあてはまる適切な言葉を、後のア〜シから選んで、記号で答えなさい。

① 成虫になってから、たった一日しか生きられないカゲロウの一生というのは、実に（　　　　　）ものである。

② 運動の苦手な私にとって、生まれながらにして運動神経のいい人は、実に（　　　　　）かぎりだ。

③ 真新しいランドセルを背負った新入生は、とても（　　　　　）。

ア　かなしい	イ　うらやましい	オ　はかない	キ　あきらめ

ア　かなしい
イ　うらやましい
ウ　うつくしい
エ　ふさわしい
オ　はかない
カ　かわいらしい
キ　あさましい
ク　なげかわしい
ケ　はがゆい
コ　はずかしい
サ　うやまわしい
シ　すがすがしい

［中国］

問題4

次の慣用句の使い方として、正しいものを一つ選び、記号に〇をつけなさい。

① 涙をのむ
　ア　涙をのむほどのおそろしい出来事だった。
　イ　彼は苦しい練習に涙をのんだ。
　ウ　決勝戦は一点差で負け、涙をのんだ。
　エ　涙をのむほど落ち着いている。

② 馬が合う
　ア　幼なじみの彼とは馬が合う。
　イ　友達と乗馬をしていて馬が合った。
　ウ　長年会わなかった知人と馬が合う。
　エ　友達と馬が合ったのでけんかした。

③ 歯が立たない
　ア　勝負は五分五分で歯が立たない。
　イ　このせんべいは固くて歯が立たない。
　ウ　彼は強すぎて私では歯が立たない。
　エ　とうふはやわらかすぎて歯が立たない。

④ 水に流す
　ア　一日一日、水に流して生きていこう。
　イ　よいことは水に流して次からも続けよう。
　ウ　手が汚れたら水に流してきれいにしよう。
　エ　けんかのことは水に流して仲直りしよう。

[中国]

問題5

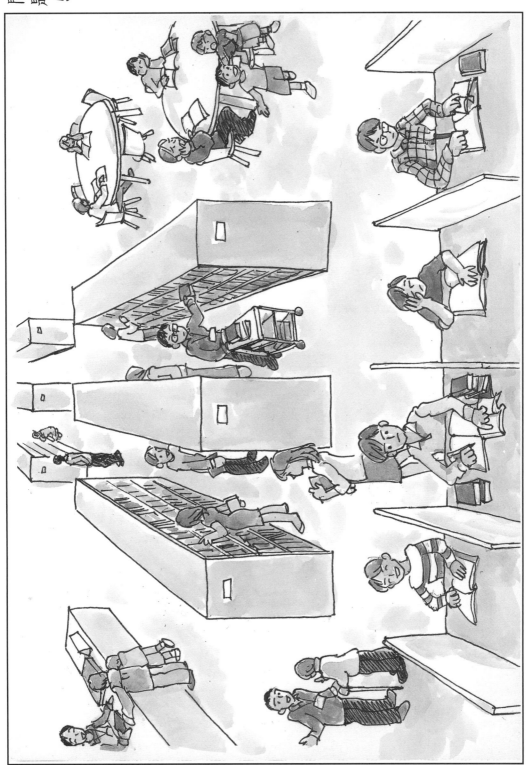

[中国]

問題6

次の会話文を読み、Bさんが言っている意味を考えて、その(Bさんの)続きの文を書きなさい。

① A 今朝の朝ごはんは、何を食べてきた？
   B 今朝は寝坊しちゃったから…

② A お父さん、キャッチボールしようよ。
   B 今日は疲れているんだ…

③ A 何でそんなに暗い顔をしているの？
   B 昨日、テストが返ってきたんだ…

④ A 海外旅行に行ったことはありますか？
   B 私、飛行機が苦手なの…

⑤ A つまらないものですけれども、どうぞ。
   B ああ…、

[中国]

問題7

次のそれぞれの□の中の言葉を並べ替えて、意味の通じる一文を作りなさい。

① | 出した／男は／おだやかだ／だから／波は／舟を／今日の |

② | まだ冷たい／春が／待ち望んだ／やってきた／しかし／風は |

③ | この／花が／調べてみよう／花の／咲いている／こんなところに／名前を |

[中国]

問題8

次の文章を読んで、（　　）の中にあてはまることばを入れなさい。

① 赤いボールと黄色いボールと青いボールと緑のボールを大きい順に右から並べました。
赤いボールと緑のボールはとなりに並びました。
黄色いボールと緑のボールの間に青いボールが並びます。
赤いボールは一番左に並びます。
右から二番目に並ぶのは（　　）色のボールです。

② ひろき君、けんご君、みのる君が理科と算数のテストをしました。
けんご君は理科のテストはひろき君の半分でしたが、算数はひろき君よりニ十点上でした。ひろき君は算数のテストは百点でした。みのる君はけんご君と理科の点数が同じで、百点でした。
けんご君の算数は（　　）点。
ひろき君の理科は（　　）点。

[中国]

問題9

次のページの文章の中から、三文字以上の名詞を見つけて、○で囲みなさい。

例

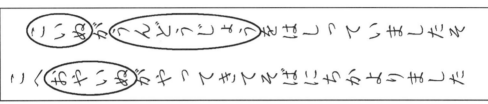

練習

わたしがまつにちいえがけつこないえはあさはやくおきてしごとをしにいくたいへんです

あがねがんですらずにうゆのまきの
きびつゆちがまのねがまですにつま
そのずみながっだまきんでだっまきんだわ
はにほんだたまえみがのっくんでんしっあ
でをみるとくがねこっのにみあわおまんだけ
だこはでえまんもおまきんでまきすっんがこ
こましんだだたまえにまあんくんくながすも
こはましんでだたまきあんでにっくんんくやすのの
ももんのだれんがだっはごっんがおにだっくのよし
うしんでごっう

[中国]

問題10

「友だち」について、自由に書きなさい。二段落の構成で、七行以上書きなさい。

[中国]

あとがき

　小学校入学後の学校教育で学習していくときに重要な基幹学力の一つとして「聞くこと，読むこと，書くこと」の能力とそれを支える「思考力」とがある。これらの能力の育成のために前著『特別支援の子どもの言語力をどう育成するか－スクリーニングテスト出題の実例とバイパス教材による指導のヒント－』（明治図書）を出版したのは，2012年であった。当時，香川大学の高松・坂出の小・中附属校，附属特別支援学校，公立校という幅広い学校種，地域の先生方と研究プロジェクトを立ち上げ，また香川大学教育学部の特別支援教育講座の先生方にも御指導いただきながら前著を上梓した。その後，現在までその研究プロジェクトは続いている。

　前著には香川大学大学院教育学研究科特別支援教室「すばる」で作成した国語科の小学校低学年用のテストと実施マニュアル等を所収した。ところが紙幅の関係で小学校低学年用のテストのみで小学校中学年，小学校高学年，中学校のテストを収められなかった。しかし，この「すばる」のスクリーニングテストに対する現場での反響は大きく，前著に記載していた「すばる」の連絡先にその後もずっと全国から問い合わせが相次いだ。そしてこの度，現在「すばる」の室長でいらっしゃる武藏博文先生から，この現場でのニーズに対応し，改訂した「すばる」のスクリーニングテストを所収した新著を出版したいというお話をいただいた。

　この国語科スクリーニングテストの開発は，特別支援教室「すばる」で行われた国語基礎力研究グループ（佐藤宏一，石井美帆，野瀬五鈴ら）の研究がもとになっている。また，今回，国語科スクリーニングテストを公刊するに当たり，佐藤宏一氏には，何度もアドバイスをいただいた。香川大学大学院教育学研究科，富永大悟・前研究員には，データのまとめ，個別プロフィール表による分析，指導事例のまとめなどに当たってもらった。特別支援教育講座中島栄美子准教授，特別支援教室「すばる」徳永千恵子主任相談指導員をはじめ特別支援教室「すばる」のスタッフにも，データの整理や指導事例の検討などで多大な協力を得た。香川大学教育学部特別支援教育講座，大学院教育学研究科高度教職実践専攻，附属特別支援学校の皆さんからもご協力をいただいた。そして誰よりも一番ご苦労いただいたのは，最初から最後まで本書の構成から編集まで全てに取り組んで下さった武藏博文先生である。

　また本書の出版につきまして明治図書の木山麻衣子編集長から，研究の方向性及び実践のまとめ方，編集の方法など格別のアドバイスをいただいた。記して感謝申し上げる。

　皆様，本当にありがとうございました。

2017年7月

香川大学教育学部　佐藤明宏

〈参考文献〉
・秋田喜代美『読む心・書く心』北大路書房，2002年．
・ロナルド・D・デイビス，エルドン・M・ブラウン（著），竹田契一（監修）品川裕香（訳）『ディスレクシアなんか怖くない！　家庭でできる読み書きLD解決法』エクスナレッジ，2004年．
・福岡特別支援教育研究会『ことばのまなび』ジアース教育新社，2006年．
・香川大学教育学部『平成18～22年度文部科学省特別教育研究経費「特別支援教育促進事業」成果報告書』2011年．
・桂聖『国語授業のユニバーサルデザイン』東洋館出版社，2011年．
・文部科学省・中央教育審議会初等中等教育分科会・教育課程部会教育課程企画特別部会『次期学習指導要領に向けたこれまでの審議のまとめ（総論部分）（平成28年8月26日発表）』2016年．
・武藏博文・惠羅修吉（編著）『エッセンシャル特別支援教育コーディネーター』大学教育出版，2011年．
・難波博孝「特別支援教育における文学教育」，浜本純逸（監修），難波博孝（著）『文学の授業づくりハンドブック』渓水社，2010年，144～185頁．
・岡本夏木『ことばと発達』岩波書店，1985年．
・大南英明・吉田昌義・石塚謙二（監修），全国特別支援学級設置学校長協会・全国特別支援学校知的障害教育校長会（編）『障害のある子どものための国語』東洋館出版社，2013年．
・坂爪一幸『特別支援教育に活かせる発達障害のアセスメントとケーススタディ』学文社，2008年．
・佐藤明宏『自己表現を目指す国語学力の向上策』明治図書出版，2004年．
・佐藤明宏『特別支援の子どもの言語力をどう育成するか―スクリーニングテスト出題の実例とバイパス教材による指導のヒント』明治図書出版，2012年．
・高松市立高松第一小学校発行『2016年度「通級指導教室」の手引き』2016年．
・竹田契一・上野一彦・花熊曉（監修）特別支援教育士資格認定協会（編）『特別支援教育の理論と実践Ⅰ概論・アセスメント』金剛出版，2012年．
・竹田契一・上野一彦・花熊曉（監修）特別支援教育士資格認定協会（編）『特別支援教育の理論と実践Ⅱ指導』金剛出版，2012年．
・内田伸子『子どもの文章　書くことと考えること』東京大学出版会，1990年．
・上野一彦・海津亜希子・服部美佳子（編）『軽度発達障害の心理アセスメント』日本文化科学社，2005年．
・上野一彦・緒方明子・柘植雅義・松村茂治・小林玄（編）『改訂版　特別支援教育基本用語100』明治図書出版，2014年．

・宇野彰・春原則子・金子真人・Wydell, T. N.『STRAW：小学生の読み書きスクリーニング検査―発達性読み書き障害（発達性dyslexia）検出のために』インテルナ出版，2006年．
・上野一彦・篁倫子・海津亜希子『LDI-R：LD判断のための調査票』日本文化科学社，2008年．
・海津亜希子『多層指導モデルMIM読みのアセスメント・指導パッケージ』学研教育出版，2010年．
・小池敏英『アセスメントから始める国語読解力を育む発達支援教材』学研教育出版，2010年．
・稲垣真澄・特異的発達障害の臨床診断と治療指針作成に関する研究チーム『特異的発達障害診断・治療のための実践ガイドライン―わかりやすい診断手順と支援の実際』診断と治療社，2010年．
・奥村智人・川崎聡大・西岡有香・若宮英司・三浦朋子・玉井浩『CARD：包括的領域別読み能力検査』スプリングス，2014年．

【編著者紹介】

佐藤　明宏（さとう　あきひろ）
香川大学教育学部教授
兵庫教育大学大学院学校教育研究科修士課程修了。国公立小学校教諭を経て，静岡大学講師，同助教授。2000年より香川大学教授。著書『国語科研究授業のすべて』（東洋館出版，2014年），『研究授業のつくりかた』（東洋館出版，2015年），編著『特別支援の子どもの言語力を育てる』（明治図書，2014年）他。

武藏　博文（むさし　ひろふみ）
香川大学教育学部教授
筑波大学大学院心身障害学研究科博士課程単位取得後退学。筑波大学附属大塚養護学校教諭を経て，富山大学助教授。2007年より香川大学教授。著書『楽しく学べる怒りと不安のマネジメント』（エンパワメント研究所，2015年），監修『分かって動けて学び合う授業デザイン』（ジアーズ教育新社，2016年）他。

富永　大悟（とみなが　だいご）
宮城学院女子大学特別支援コーディネーター
北海道大学大学院教育学研究科博士課程単位取得後退学。専門学校等非常勤講師を経て，2014年より2017年まで香川大学大学院教育学研究科非常勤研究員。著書『LD・ADHD等の心理的疑似体験プログラム第3版』（日本LD学会・特別支援教育士資格認定協会，2016年），『教職をめざすひとのための発達と教育の心理学』（ナカニシア出版，2016年）他。

【著者紹介】
香川大学大学院教育学研究科特別支援教室「すばる」
2003年度より香川大学坂出地区附属学園内に設置し，通級指導モデル事業として教育相談・学習指導・教員研修・研究開発の事業を行う。本書は「すばる」での研究プロジェクトの成果がもとである。

【分担執筆者】
佐藤　宏一　善通寺市立西部小学校
石井　美帆　坂出市立坂出中学校
野瀬　五鈴　香川県立香川中部養護学校
吉田　三紀　高松市立香東中学校
大西小百合　香川大学教育学部附属坂出中学校

特別支援教育サポートBOOKS
聞く，読む，書く能力の認知特性・発達状況を把握する
小・中学校国語科スクリーニングテスト

2017年9月初版第1刷刊　ⓒ編著者	佐藤明宏・武藏博文・富永大悟
2025年3月初版第8刷刊　発行者	藤　原　光　政

発行所　明治図書出版株式会社
http://www.meijitosho.co.jp
（企画）木山麻衣子　（校正）㈱東図企画
〒114-0023　東京都北区滝野川7-46-1
振替00160-5-151318　電話03(5907)6702
ご注文窓口　電話03(5907)6668

＊検印省略　　組版所　株式会社カシヨ

本書の無断コピーは，著作権・出版権にふれます。ご注意ください。
教材部分は，学校の授業過程での使用に限り，複製することができます。

Printed in Japan　　　　　　　　　　ISBN978-4-18-246013-5
もれなくクーポンがもらえる！読者アンケートはこちらから →